U0857108

- 国家出版基金资助项目
- 弘扬社会主义核心价值体系出版工程重点图书
- 国家社会科学基金重大招标课题“实施中国特色社会主义理论体系普及计划的途径、载体和方法研究”项目成果
- 国家社会科学基金项目“美国对中国崛起的认知讨论与战略调整”（11CGJ018）研究成果
- 武汉大学自主科研项目“中国和平崛起的对外战略研究”（人文社会科学）研究成果
- “中央高校基本科研业务费专项资金”资助项目成果

弘扬社会主义核心价值体系出版工程重点图书

中国特色社会主义理论体系普及读本

总主编：顾海良　佘双好

民族复兴　和平发展　和谐世界

中国特色社会主义和平外交战略

阮建平　著

图书在版编目(CIP)数据

民族复兴　和平发展　和谐世界:中国特色社会主义和平外交战略/阮建平著.—武汉:武汉大学出版社,2015.1

(中国特色社会主义理论体系普及读本/顾海良 佘双好主编)

弘扬社会主义核心价值体系出版工程重点图书

ISBN 978-7-307-15129-1

Ⅰ.民…　Ⅱ.阮…　Ⅲ.外交政策—中国　Ⅳ.D820

中国版本图书馆 CIP 数据核字(2015)第 016554 号

责任编辑:詹　蜜　　　责任校对:汪欣怡　　　版式设计:马　佳

出版发行:**武汉大学出版社**　(430072　武昌　珞珈山)

(电子邮件:cbs22@whu.edu.cn 网址:www.wdp.whu.edu.cn)

印刷:武汉中远印务有限公司

开本:720×1000　1/16　印张:9.5　字数:130 千字　插页:4

版次:2015 年 1 月第 1 版　　2015 年 1 月第 1 次印刷

ISBN 978-7-307-15129-1　　定价:22.00 元

总序言

顾海良

围绕中国特色社会主义理论体系和社会主义核心价值体系的基本现状，我们编写了“中国特色社会主义理论体系普及读本”丛书，它是国家弘扬社会主义核心价值体系出版工程重点图书。丛书分作十二册，以中国特色社会主义理论体系和社会主义核心价值体系的基本内容和精神实质为主线，力图对当代中国马克思主义的这两个重要理论成果作出全面的探索和适合于马克思主义中国化时代化大众化的阐释。

中国特色社会主义理论体系是包括邓小平理论、“三个代表”重要思想、科学发展观在内的科学理论体系，是对马克思列宁主义、毛泽东思想的继承和发展，是马克思主义中国化最新成果，是实现中华民族伟大复兴的正确理论。这一理论体系，在建设中国特色社会主义的思想路线、发展道路、发展阶段、发展战略、根本任务、发展动力、依靠力量、国际战略、领导力量和根本目的等各个方面，在中国特色社会主义经济建设、政治建设、文化建设、社会建设、生态文明建设和党的建设等各个领域，形成了一系列独创性的思想理论观点，回答了在中国这样一个十几亿人口的发展中大国建设社会主义的一系列重大的理论和实践问题。这一理论体系，与中国特色社会主义的道路和制度密切地联系在一起，道路是实现途径、制度是根本保障、理论体系是行动指南，三者统一于中国特色社会主义伟大实践，并随着实践而不断发展和完善。在当代中国，坚持和发展中国特色社会主义，最根本的就是要坚持和拓展中国特色社会主义道路，坚持和丰富中国特色社会主义理论体系，坚持和完善中国特色社会主义制度，坚定中国特色社会主义的道路自信、制度自信、理论自信。

社会主义核心价值体系的基本内容包括马克思主义指导思想、中国特色社会主义共同理想、以爱国主义为核心的民族精神和以改革创新为核心的时代精神、社会主义荣辱观。社会主义核心价值体系是兴国之魂，是社会主义先进文化的精髓，是中国特色社会主义精神力量的内核，是社会主义意识形态的本质体现，决定着中国特色社会主义发展方向。社会主义核心价值体系要融入国民教育、精神文明建设和党的建设全过程，贯穿改革开放和社会主义现代化建设各领域。在社会主义核心价值体系建设中，要积极培育和践行社会主义核心价值观。社会主义核心价值观是社会主义核心价值体系的内核力和聚焦点，渗透于社会主义核心价值体系的各个方面。培育和践行社会主义核心价值观，是建设社会主义核心价值体系的根本任务，是加强社会主义核心价值体系建设的最为基本的也是最为重要的方面。

我们希望，丛书能以我国改革开放和现代化建设的实际问题、以我们正在做的事情为中心，着眼于马克思主义理论的运用，着眼于实际问题的理论思考，着眼于新的实践和新的发现。“明者因时而变，知者随事而制。”在对中国特色社会主义理论体系和社会主义核心价值体系的研究和阐释中，能凸显马克思主义基本原理的科学内涵、精神实质和时代风格，提升中国特色社会主义道路和制度探索的理论精髓，体现科学社会主义当代发展的新概括和新提炼。能在现实、理论与历史的结合上，在党性和人民性的统一上，在维护国家意识形态安全和发挥意识形态引导功能的协同上，在中国的现实发展和中国梦的未来憧憬的联结上，彰显中国化马克思主义的解释力、影响力和作用力，提升中国化马克思主义的理论自觉、理论自信和理论自强。

我们希望，丛书能从多方面阐明中国特色社会主义理论体系和社会主义核心价值体系，在丰富人民精神世界、增强人民精神力量、满足人民精神需求上的理论指导和实践导向，对全社会形成统一指导思想、共同理想信念、强大民族精神和时代精神力量及基本道德规范上发挥强大的推进力；在巩固壮大主流思想舆论和弘扬主旋律上，产生更大的正能量，激发全社会团结奋进的强大力量；在事关大是大非和政治原则问题上，能划清是非界限、澄清模糊认识，增强主动性、掌握主动权、打好主动仗；在积极引领社会思潮中发挥中坚作用，在多元中立主导、在多样中谋共识、在多变中定方向。

我们希望，丛书能在学习借鉴人类文明成果的基础上，用中国的理论研究和话语体系解读中国实践、中国道路、中国形象，不断概括出理论联系实际的、科学的、开放融通的新概念新范畴新表述，传播中国好声音，形成具有中国特色、中国风格、中国气派的哲学社会科学学术话语体系。能把握好“时、度、效”，努力讲真、讲实、讲好、讲活、讲深中国故事、中国情怀，进一步扩大中国道路、制度及其理论体系和核心价值观的感召力、影响力和认同力，不断提升国家文化软实力和中华文化国际感染力。

丛书是由武汉大学马克思主义理论学科的老师们合作撰写的，也是以佘双好教授为首席专家的国家社会科学基金重大招标课题“实施中国特色社会主义理论体系普及计划的途径、载体和方法研究”项目的部分研究成果。

2013 年 9 月 10 日

目录

CONTENTS

第一编　民族复兴

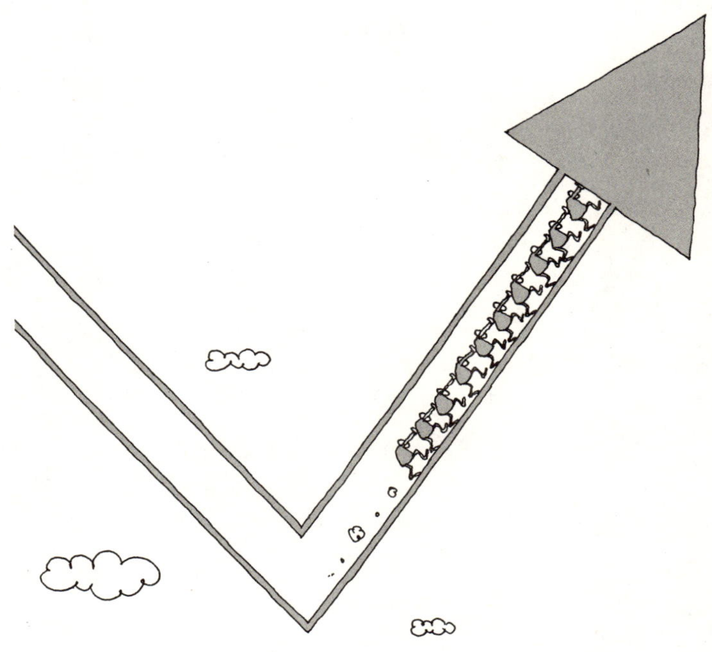

自2008年美国次贷危机引发全球金融危机以来，“中国崛起”迅速成为国际社会，尤其是西方社会最为热门的讨论话题之一。但随着对中国历史的深入了解，越来越多的国外学者意识到，鉴于近代以前上千年的时间里中国在政治、经济和科技等方面一直处于世界领先地位，“复兴”比“崛起”更恰当地体现了中国当前的发展趋势及其对世界的影响。

1840年鸦片战争的爆发，使中国陷入千年未有之变局。近代西方对中国的入侵代表了一种前所未有的挑战：在不知餍足的资本驱使下，先进的近代科技工业与强大的动员组织体系相结合，使建立在传统农耕基础上的封建中国不堪一击。自此以后，西方列强对中国的侵略年甚一年，中华民族的屈辱和苦难也日甚一日。

为了实现民族独立和解放，英勇的中国人民进行了前赴后继、不屈不挠的斗争。与此同时，也在不断探索实现民族复兴的道路。百年屈辱，百年抗争，百年探索。中国终于赢得了民族独立和解放的伟大胜利，扭转了百年的颓势，并在民族复兴的道路上奋力前行，逐渐由贫穷、封闭走向富强、开放，从世界体系中的边缘国家日益向中心国家靠拢。

第1章 历史的辉煌

我们中华民族有同自己的敌人血战到底的气概，有在自力更生的基础上光复旧物的决心，有自立于世界民族之林的能力。

——毛泽东

自2008年美国次贷危机引发全球金融危机以来，“中国崛起”逐渐成为国际社会，尤其是西方社会最为热门的讨论话题之一。2009年底，美国颇具影响的媒体监测机构——“全球语言观察”，通过对全球纸质媒体、电子媒体和互联网的检索发现，“中国崛起”是21世纪以来最为热门的新闻主题。

随着对中国研究的深入，越来越多的国外学者意识到，鉴于近代以前上千年的时间里中国政治、经济和科技等方面一直处于世界领先地位，“复兴”比“崛起”更恰当地体现了中国当前的发展趋势及其对世界未来的影响。

1.1 绵延千年的文明古国

在人类历史上，曾经出现过许多盛极一时的文明。其中大多最后归于灭亡，或消散于新的不同实体中，中华文明是唯一一个绵延数千年并成功向现代转型的文明。中华文明的连续性和完整性，不仅令当今很多大国难以望其项背，也是其他文明古国无法相比的。

古印度、古埃及、古代两河流域、古希腊和古罗马，是远古文明的重要代表，但最后都湮灭于历史的长河中。现在居住在这些地方的居民以及在其基础上建立起来的国家，与过去相比，无论在种族，还是文化价值和信仰上都已发生巨大变化。古印度文明消失后，印度地区先后遭到雅利安、波斯、马其顿、安息、穆斯林、葡萄牙、荷兰与英国的入侵和统治。古埃及王国灭亡后，也先后受到利比亚、埃塞俄比亚、亚述、波斯、马其顿、罗马和阿拉伯的轮番统治，使得这片曾经属于法老的土地、文明、宗教和语言全部流失。在中东，亚历山大的征服传播了新兴的希腊文化。而穆斯林的征服引起了种族、语言、文化以及宗教方面的根本变化。在欧洲，取代古希腊的罗马帝国崩溃后陷入了长达上千年的割据混战局面，出现了新的宗教、种族、语系和民族国家。时至今日，欧洲仍然在为实现一体化而苦苦努力。与这些古老文明相比，数千年过去了，唯有中华文明延续至今，在地理范围、语言和文化等方面保持了惊人的延续性和完整性。

根据现代国际法，国家的同一性是以领土的同一性为首要条件，其次才是居民的同一性。只要领土实质上仍然是同一个，国家也就仍然是同一个。国家在时间上的同一性是直接以领土的同一性为根据的，只是间接地才以生活在该领土上的人口的同一性为根据。①

作为现代国际关系的一种重要规范，现代国际法主要是以客观稳定的地理因素作为确定民族主权国家责任、权利和义务的基础，并以此协调它们之间的相互关系。但民族主权国家作为现代国家的主要形态只是近代以来的事情，它滥觞于欧洲近代频繁的战争和社会变迁，普及于西方的全球扩张。从人类历史来看，民族主权国家只是有史以来产生过的众多国家形态中最近的一种。实际上，历史上曾经出现过多种类型的国家。要厘清一个国家的历史传承，必须从地理范围、人口结构和文化传统等视角进行综合研究。

与现代西方的普遍经验不同，越来越多的外国学者所意识到的，中国不同于源自西方的“民族国家”（nation-state），而是一个“文明型国家”（civilization-state）。美国麻省理工学院已故的著名汉学家白鲁恂（Lucian Pye）提醒他的西方同行，“中国不仅仅是一个民族国家，她更是一个有着民族

① ［奥］凯尔森著，沈宗灵译著：《法与国家的一般理论》，中国大百科全书出版社1996年版，第246页。

国家身份的文明国家”。① 之所以说中国是一个一脉相承、绵延至今的唯一国家，很大程度上就在于中国是一个具有独特文化传统的文明型国家。在长期的历史发展中，以独特的文化传统不断整合周边其他部族，在相互融合的过程中不断扩大中国的地理范围，丰富中国的族裔结构。与之相应，“中国”一词的内涵和外延也在不断扩展和升华，体现出今天中国版图范围内不同文化、民族和地理疆界不断融合的一个过程。这种绵延数千年的历史在当今世界大国中是少见的，在文明古国中更是绝无仅有的。

据文献记载，中国的文明历史可以追溯到五千多年前。在远古时期，中国的代称很多，比如“华夏”、“诸夏”、“神州”等。其中，“华夏”一词的使用最为广泛。所谓“华夏”，《左传·定公十年》书云：“中国礼仪之大，故称夏；有服章之美，谓之华。”据此解释“华夏”，即是“着锦衣华服的礼仪之邦”。“中国”一词被频繁用于统称“诸夏”之国，与蛮、夷、戎、狄相对应。正所谓“天子有道，守在四夷”②，又有“天处乎上，地处乎下，居天地之中者曰中国，居天地之偏者曰四夷，四夷之外也，中国内也。”③

因此，从一开始，“中国”一词并非是一个单纯的种族或地域概念，而更多的是作为一种政治文化符号来理解，即为天子统治的文明中心。中国与周边国家的疆界与其说是种族或领土的分界线，不如说是文明进化的分界线。随着时代的发展，“中国”一词的内涵和外延也在不断发生变化。自宋亡而元立之后，“中国”一词就被历史赋予了更宽泛的概念。明灭清立后实施的满汉融合政策，使得“中国”一词与其最原始的含义渐行渐远。因为本身原是“夷狄”，清朝统

---

① 转引自金灿荣：《〈当中国统治世界——西方世界的衰落和中国的崛起〉序》，载于［英］马丁·雅克著，张莉、牛曲译：《当中国统治世界——西方世界的衰落和中国的崛起》，中信出版社2010年版，第XVI页。

② 中国地理学会、历史地理专业委员会：《历史地理》（第4辑），上海人民出版社2009年版，第42页。

③ （宋）石介：《徂徕集》，《影印文渊阁四库全书》（1090册），转引自李懿：《石介〈中国论〉的文学书写与文化意蕴》，载于《船山学刊》2012年第4期，第149页。

治者更强调“天下一统”、“华夷一家”。到近现代，“中国”概念逐渐演变成具有现代政治意味的称呼。1912 年，辛亥革命胜利后成立的“中华民国”，简称“中国”。这是历史上第一次将中国作为中华文明国家的国号。在 1949 年中华人民共和国成立之时，同样也以“中国”为简称。“中国”成为中华文明的政治载体，其中包括除了汉族以外的 55 个少数民族。对于现代中国而言，无论是蛮、夷、戎、狄之文明，还是华夏文明，都在现今中华文明之内。

中国为什么会拥有世界最古老的、连续不断的文明呢？在此，既有地理、气候和人口等诸多客观因素，更有文化、制度等主观方面的原因。

美国著名的历史学家斯塔夫里阿诺斯认为，首先是地理因素。一方面，四周的地理障碍，使得中国能够在尽可能避免外力入侵的情况下发展自身文明。早在秦汉时期，就大致奠定了今天中国领土的基础。在此后的一千多年里，中国的领土范围基本稳定在自然边界内。东面和南面是难以跨越的浩瀚海洋，西南部和西部是世界最高的高原和山脉，西北部和北部是辽阔的荒漠和草原。另一方面，辽阔而肥沃的土地加上适宜的温带气候，使得中国能够供养庞大的人口，这有助于中国文明的延续。据统计，早在公元 2 世纪，中国汉朝就拥有 5950 万人，比罗马帝国全盛时期的人口还要多。16 世纪初叶，葡萄牙人首次到达中国时，中国的人口为一亿多，超过整个欧洲的人口。到 19 世纪中叶西方用炮舰打开中国大门时，中国人口已激增到近 4 亿。①

与上述客观因素相比，中国在文化和制度上的独特创造对于保持中华文明的稳定性和连续性发挥了更加重要的独特作用。传统中国社会曾被称为是一种“超稳定结构”，这种稳定既有赖于它的民众理念，也有赖于它的体制结构。

从历史来看，所有大国的兴起都离不开武力，但没有一个能够仅靠武力延续下去的大国。包括基辛格在内的很多外国学者认为，中国能够延续数千年，主要靠的是中国平民百

---

① ［美］斯塔夫里阿诺斯著，吴象婴、梁赤民译：《全球通史：1500 年以后的世界》，上海社会科学出版社 1992 年版，第 67 页。

姓和士大夫所信奉的一套价值观，而不是历代皇帝的镇压。①

自周朝以来，中国经历了三十多个朝代变化，但基本上都遵循相似的文化传统，尤其是在儒家思想基础上建立起来的共同价值观和文化体系。从有文字记载的商朝开始到公元前221年秦统一中国之前，中国是以地方列国政治分立为特征。但在此之前的上千年里，中国已实现文化的统一。基于对分裂和战争后果的深刻反思，中国将统一与和谐置于优先地位。这种共识在春秋战国时期得到普及，并在以后历次的内乱中一再被重新强化。因此，虽然历史上中国多次遭受过分裂战乱，但统一最终成为人心所向的结果，由此使中国尽可能避免了欧洲中世纪之后频繁残酷的内战及其对文明连续性的破坏。在这样一种“大一统”的文化传统中，国家被赋予一种从家庭伦理道德延伸出来的权力和责任关系，对维护社会稳定和文明的连续性发挥了重要作用。比如，作为中国传统思想的主要代表，儒家提出了一套关于个人修养、社会规范和国家治理的系统理论。虽然该理论极力维护一种等级秩序，但也规定了各级管理者应有的道德自律和对下属的责任，在一定程度上也是一个责、权、利的平衡系统：一方面强调民众要忠于皇帝的统治，因为这是“天命”；但另一方面，是否有德，是得“天命”和行王道的基本条件。皇帝的“德”在于施“仁政”，保护臣民的安全，尽可能减少百姓的负担，促进社会和谐。如果治理不善，就将失去“天命”，他的权力就可能被剥夺。其目的就是要在一个多样化和等级的社会里维持某种程度的和谐状态。安德里·贝特尔（Andre Beteille）指出：“在一个平衡的系统中，不平等不仅实际存在，而且也被认为是合法的。在一个失衡的系统中，不平等不再被认为是合法的，尽管它实际依然存在”。② 在这一传统思想主导下，从秦朝到清朝，中国的历代变化主要

① ［美］亨利·基辛格：《论中国》，中信出版社2012年版，第9页。

② Andre Beteille. *Inequality and Social Change*, Delhi: Oxford University Press, 1972, p. 15.

是局限于传统框架下皇朝的兴衰更替，而非文化上的大规模断裂和全新的开始。

即使是具有不同文化传统的少数民族主政，一旦统治得到稳固，他们便以中国自居，试图学习这些传统文化和价值观，并按照其原则和制度进行治理，以维护大一统。比如13世纪的元朝和17世纪的清朝。元朝统一后，将此前的辽、金和宋都视为中国的一部分，实行三史并修。清朝在修明史的时候，将投降清朝的人编入《贰臣传》，将进行抵抗的人编入《忠臣传》，同时下令在地方上表彰，凡是当初抵抗清朝的官员都追封为忠臣，老百姓是义民。纵观历史，中国有三次大的统一都是由少数民族完成的，即隋唐、元朝和清朝。

文字是文明的标志，是文化的最重要载体。在中国文明数千年的传承中，汉字这种早在商朝就已出现的方块文字发挥了不可或缺的作用。中国幅员广阔，各地方言千差万别，其程度丝毫不亚于不同的语言体系，但中国汉字以及以此为基础的书面语言不仅为不同地区之间的交流提供了便利，而且借助这种语言所承载的文化价值为中国提供了统一性和历史联系的最重要力量。直到今天，13亿中国人仍能使用三千多年前延续下来的书写体系，阅读数千年以来的文化典籍，并从中吸取古圣先贤的精神营养。中国的方块文字与那些纯粹的表音文字有很大的区别，后者常常因地因时而发生变化，其差别程度与距离和时间成正比，正所谓“雨隔牛背、话隔地头”。19世纪以来欧洲民族主义的兴起大多以语言为准，划地为限，各自为政，导致持续严重的冲突。这种语言民族主义可以追溯到中世纪后期拉丁文字的式微，取而代之的是建立在地方方言之上的民族语言。梁漱溟对此总结道：“由土俗文学而引发民族情绪，因民族自觉而固守其传统语言。其势趋于分而不趋于合。”①

独特的文化传统，加上重要的制度创新，是中国文明延续不断并长期领先的另一个重要原因。其中，最主要的是秦

① 梁漱溟：《中国文化要义》，上海学林出版社1987年版，第298页。

朝开创的中央集权官僚体系和在隋朝时期定型的科举制度。

从西方政治现代化的进程来看，中国早在秦统一六国后就开始奠定了现代国家的基本雏形。通过建立起统一的中央集权官僚体系，结束数百年的封建割据。实行书同文、车同辙，统一度量衡。在西方，这些措施直到一千多年之后的现代化转型中才得以推行。虽然秦朝时间不长，但中国后来的历代王朝基本都继承了这一政治架构。与此同时，从汉朝开始，历代政府就开始通过特定方式从社会下层选拔有才能的人担任各级官员。到隋朝时期，科举制逐渐成为一种固定的考试选拔制度。通过科举考试，不仅有助于选拔有能力的人参与国家治理，还为社会下层中有能力、有抱负者提供上升空间，巩固和扩大统治基础。此外，借助科举选拔这种“政治上升通道”，还有助于推广中国传统文化，并通过精英效仿使更遥远地区的人们形成对中华文化的认同和对国家的效忠。尽管朝代不断更替，但实际负责治理中国的是一群来自各地的儒家知识分子群体。他们通过科举考试等方式进入执政体系，其思想和价值取向对确保中国的延续性发挥了至关重要的作用，并为塑造和巩固中华民族这个“共同体”发挥了重要作用。这种同化作用甚至远及特性极强的民族。对此，20 世纪 40 年代，梁漱溟先生曾提及，犹太民族一直被视为个性最强的民族，流散世界各地上千年依然保持其风俗习惯。他们虽然在任何国度总不同化于人，独来到中国却不自觉地大为同化。明清两代都有应试做官者，河南开封府内还有他们的遗迹。①

在今天中华民族大家庭中，各民族都以自己的方式作出了重要贡献。一方面，汉族凭借发达的政治、经济、文化和科技优势发挥了主导作用。另一方面，少数民族也为开发、充实和巩固中国疆域，丰富和发展中国文化内涵作出了独特贡献。各民族之间在血脉、文化上的相互融合使中华文化变得更为包容和强韧。这是中华文化生生不息的根本原因。据学者考究，中国历史上曾经生存过的很多民族在今天已不复

① 梁漱溟：《中国文化要义》，上海学林出版社 1987 年版，第 297 页。

存在，但他们的血脉早已融入汉族和其他民族之中，比如匈奴、鲜卑、契丹、女真、突厥人等。他们在接受汉族传统文化的同时，也将自身很多风俗习惯和文化传统逐渐融入进来，不断丰富中国文化的内涵。比如战国时期赵武灵王的“胡服骑射”，就是向少数民族学习的著名案例。唐代大诗人白居易祖籍是原中亚地区的白国。现在日常生活中使用的凳子源自少数民族。此外，少数民族在音乐、舞蹈等方面的成就也逐渐融入到整个中华传统文化中来。

由于地理、人口和文化制度上的优势，中国总能驱逐或同化外来入侵者。中国从未像欧洲遭到日耳曼人入侵，也从未像中东和印度在遭到穆斯林入侵那样，被迫接受来自外界的大规模变革。

1.2　万邦来朝的盛况

现代国际关系的主权原则源自于西方，但它并没有消除西方国家相互之间的争战以及对非西方世界的掠夺。与之相对，在上千年的历史中，中国的强大并没有像近代西方那样表现为对周边世界的不断扩张，而是建立起一种具有东方色彩的朝贡体系。据历史考察，朝贡体系起源于公元前 3 世纪，一直延续到 19 世纪末。在极盛时期涵盖了东亚、东南亚和中亚等地区的众多国家。

朝贡体制是以中国在政治、军事、文化、经济和科技等方面的优势为前提的。公元前 221 年秦统一六国后，结束了原有中央王朝和诸侯并列的状况，为中国在东亚地区的核心地位奠定了重要基础。在此基础上，汉朝逐步建立起朝贡体制的雏形。汉初，朝鲜、真番率先被纳入朝贡体系。随着实力的日益强大，越来越多的周边国家纳入到这一体系。西汉元朔五年（公元前 124 年），“宛王蝉封与汉约，岁献天马二匹”。此后相继有鲜卑、乌桓、车师、南越等十余国。在取得对匈奴的决定性优势后，西域 36 国“修奉朝贡，各以其职”。东汉中元二年（57 年），“东夷倭奴国王遣使奉献”。此次进贡，倭奴国接受了东汉光武帝的赐封印绶。1784 年在日本志贺岛（现属福冈县）发现的“汉委奴国王印”证明了《后汉书》的记载。

汉以后的魏晋南北朝时期，中国陷入分裂，在地区体系中的优势削弱，但朝贡体系并未消亡，各地方政权仍然在力所能及的范围内维持扩展朝贡体系。三国时期，魏建立后积极招徕朝贡，“西域虽不能尽至，其大国龟兹、于窴、康居、乌孙、疏勒、月氏、鄯善、车师之属，无岁不奉朝贡，略如汉氏故事”。吴赤乌七年至十四年（244—251 年），孙权派朱应、康泰等“南宣国化”，“徼外扶南、林邑、堂明诸王，各遣使奉贡”，使中国的影响力扩展到东南亚地区。梁武帝萧衍时期，朝贡往来兴旺，“自梁革运，其奉正朔，修贡职，航海岁至，长于前代矣”。对中国朝贡体制有非常深入研究的韩国学者全海宗认为，正是在魏晋南北朝时期，朝贡制度达至基本完备并趋于制度化。

隋唐的建立结束了南北朝时期的分裂，中国进入到第二次民族大融合时期，地区主导地位得到空前强化，朝贡体制得到恢复和进一步发展。西域、东南亚、朝鲜半岛和日本列岛诸国纷纷朝贡。为了应对海外邦国的朝贡，唐朝进一步完善了对外政策和机构，专门增设了市舶司。除了政治经济方面的往来外，唐朝时期的朝贡体制突出在文化方面的交往。“诗词外交”、“佛教外交”等文化活动繁多，对体系内各国具有十分深远的影响。据韩国学者全海宗研究，“典型的朝贡关系”包括经济、礼仪、军事和政治等诸多方面。在唐朝之前，朝贡关系是表现政治关系的一个关键环节。朝贡以外的关系，包括文化交流等只是附属条件。到了唐代，虽然朝贡关系仍然存在，且加以整顿。但由于唐代社会的开放性以及文化的优秀性，朝贡以外的各种交流和往来更加活跃，朝贡关系反而成为附属条件。① 在朝贡体系影响下，东亚地区逐渐形成一个以汉字、儒家和佛教为核心的东亚文化圈。朝鲜历史上非常著名的大学者、被誉为“东学儒宗”的崔致远在唐朝学习、任职达 16 年。从公元 7 世纪到 9 世纪，日本先后派遣十多批次的遣唐使团到中国学习，将中国的科学技术和文化艺术引入日本。物质实力和文化实力的有

① ［韩］全海宗著，金善姬译：《中韩关系史论》，中国社会科学出版社 1997 年版，第 13、16 页。

机结合，进一步强化唐朝作为远东朝贡体系领导者的地位，使得各藩属国家对唐朝十分敬畏。即便到了安史之乱时，长安、洛阳均已陷落，新罗还不远万里从朝鲜半岛行至新首都成都向唐玄宗朝贡。日本曾因“贺正”的席位位于新罗之下，向唐玄宗表示异议，对其在唐朝外事中的地位十分关切。

五代十国时期，中国再次陷入分裂，随后是辽金宋并立。在此期间，唐朝时期统一的朝贡体系被各种地区性的朝贡体制所取代。元朝统一中国后，凭借强大的武力加大对附属国的直接控制，从而使朝贡体制有所退化。明朝打败元朝后又重新恢复朝贡体系。公元 1370 年，明朝派遣使者前往招徕各国朝贡。次年，朱元璋明确规定了安南、占城、高丽、暹罗、琉球、苏门答腊、爪哇、湓亨、白花、三弗齐、渤泥以及其他西洋、南洋等国为“不征之国”，并确定了“厚往薄来”的朝贡原则。公元 1382 年，明朝《太清歌》言：“万国来朝进贡，仰贺圣明主，一统华夷。”随着航海技术的发展，明朝对外交往的扩大，前来朝贡的国家也不断增加。1416 年，位于今印度喀拉拉邦的柯枝国来贡。在顶峰时期，朝贡国达到 65 个，分布地域之广泛，以及朝贡之频繁，达到前所未有的程度。明亡后，清朝基本沿袭了明朝的朝贡制度，一直到 19 世纪中后期。

纵观两千多年的历史可以看出，朝贡体制主要通过两个机制加以维护：一方面承认中国的主导地位，对于挑战中国权威的地方势力予以严厉惩罚；另一方面，对于承认中国权威的国家，在以进贡的方式表达诚意之后，中国皇帝对其予以保护和赏赐。在这种体系下，附属国仍然保有对内部事务的自主权，其地位是世袭的，中国皇帝只不过通过册封的形式表示认可，但由此可以换取利润丰厚的贸易权和危机时期的安全保护。

朝贡体系深受中国权力和哲学思想的影响，其制度内涵和框架都充满了鲜明的天朝色彩。其中有几个主要的思想：一是“华夷之辨”。中国历代王朝都以天朝大国和世界中心自居，将周边其他国家称为蛮夷之地。《后汉书·鲁恭传》曰：“夫夷狄者，四方之异气也。蹲夷踞肆，与鸟兽无别。

若杂居中国，则错乱天气，污辱善人，是以圣人之制，羁縻不绝而已。”据此，在避免其威胁自己的前提下，让蛮夷之地自己管理自己。二是“礼治天下”。提倡以礼治邦，以德服人。因此，虽然中国国家实力远强于“朝贡体系”中的其他国家，但对臣国要求的义务极低，且回馈朝贡国家的礼物价值远高于其献礼的价值。先秦史籍有不少关于三皇五帝道德高尚，以德教化四夷的记载。三是“四方中国观”，即“溥天之下，莫非王土。率土之滨，莫非王臣；大夫不均，我从事独贤”。① 所有的人皆为天子的臣民，所有的“国”都如同春秋时期的诸侯国一般为天朝的臣国。明成祖朱棣针对外来朝贡表示：“朕君临天下，抚治华夷，一视同仁，无间彼此。推古圣帝明王之道以合乎天地之心，远邦异域咸欲使之各得其所。”因为“溥天之下，莫非王土”，所以中国视天下各国为中国的臣子国，发展出各国向天子朝贡的区域治理模式；因为天子以礼治世，以德服人，所以讨逆臣，不伐顺臣，以“礼”来维系天子国与臣子国的等级关系。基于此，中国对周边国家不会抱有消灭的心态，而只希望以中华文明来教化，使它们加入朝贡体系的家庭之中。钱穆曾评论中国对外族人的观念是“看重文化，大于看重血统。只有文化高低，没有血统异同……因此，中国人对当时他们所谓的异民族，也并非想欺侮他们，把他们吞没或消灭”②。因此，以传统天下观治国的中国历朝历代对周边国家及外族各部的军事行动相当有节制，其目的并非灭其国、诛其民、夺其富，而是示敌以强，威慑之，然后再示敌以善，怀柔之。即便是在征服之后，中国也不愿意干涉这些臣子国的内政，而只要求臣服。朝贡体系从制度和文化上都体现了中国传统文化中的“天下一统”、“和而不同”的思想。

全海宗认为，朝贡关系是中国与周边国家之间传统的对外关系中最具特点的关系。其本质是附属国对宗主国称臣，定期缴纳贡物，宗主国对此也给予相应的报答，但不干涉附

---

① 周振甫译注：《诗经译注——中国古典名著译注丛书》，中华书局2002年版，第335页。

② 钱穆：《中国文化导论》，上海三联书店1988年版，第107～108页。

属国的内政，也没有直接支配的欲望。中国的朝贡制度并不企图政治性的直接支配，仅具有准服从的形式就足够了。① 美国有学者认为："对外国来说，主要动机是经济利益。在他们看来，对华贸易利润丰厚，大大超过了他们在表面上承认中国的优越性所需要付出的代价。"② 日本学者认为，朝贡体制有助于在亚洲各地建立起一个以中国为圆心的多个同心圆的松散的政治一体化联邦。

从根本上讲，东亚国际关系体系是一个文明体系。它以中国创造的华夏文明为主，根据文明进化程度将不同地区分为"华"与"夷"。作为统治中心的政权，不仅具有政治、经济和军事优势，更要有文明上的优势。但"华"与"夷"也不是绝对固定的，相互之间的交融也随着时间在不断发展。在此之前，"华"与"夷"之间以一种朝贡体系来维持相互之间的和平。

虽然这种朝贡体制存在政治上的不平等，但与西方的帝国和殖民地体系还是存在很大区别的。西方帝国体系主要是由一个强势民族在征服其他民族之后建立起来的直接控制体系。在这种体系之下，强势民族建立起一套垂直的控制系统，对被征服民族进行全面的统治。被征服民族完全丧失自己的政治、经济和文化权利。但东方的朝贡体制不同，除了政治礼仪外，中央政府并不过问附属国内部事务。后者保持实质上的独立。如果藩属国政治文明进化到与主导国相近的水平时，还可以进入主导国政治体系中来，不会遭遇今天外来移民在东道国所面临的"玻璃天花板"障碍。比如新罗时期的崔致远，在唐朝时期考取进士，长期在唐朝为官。这无论在西方帝国体系还是在现代国际体系之下都是不可能的。一旦藩属国遭到外来入侵，中国还要承担起保护的义务。历史上，朝鲜半岛多次遭遇日本的入侵，比如朝鲜王朝时期的"壬辰倭乱"、"丁酉再乱"，中国政府都提供了及时保护，甚至为此付出巨大代价。

① ［韩］全海宗著，金善姬译：《中韩关系史论集》，中国社会科学出版社 1997 年版，第 19 页。

② ［美］埃里克·安德森著，葛雪蕾、洪漫、李莎译：《中国预言——2020 年及以后的中央王国》，新华出版社 2011 年版，第 5 页。

西方在进入近代之后，通过海外武力征服建立起庞大的殖民体系。作为西方的原料产地、商品市场和投资场所，殖民地对于西方完成原始资本积累和工业化发挥了必不可少的作用。西方帝国主义与殖民地之间是一种赤裸裸的征服和被征服、剥削和被剥削的关系。但在东方朝贡体系下，宗主国与藩属国之间的经济关系往往采取一种“厚往薄来”的做法。藩属国定期向宗主国贡献一定的特产表示尊敬，但宗主国为了显示宽宏恩惠往往会赠送更多的礼物。从今天的经济角度看，这实际上是一种特许贸易优惠。尤其是在明朝实行海禁之后，朝贡成为维系周边国家与中国贸易关系的主要途径。

1.3 辉煌的历史地位

由于适宜的地理气候条件、大量的人口和长时段的统一状态，使得中国成为唯一能够依靠自己的方式独立发展、绵延数千年的文明古国。中国不仅发展出一套独特的文化，发明新事物的脚步也较其他民族来得更快。美国著名历史学家、哈佛大学教授保罗·肯尼迪在比较了大国兴衰的历史后指出，在中古时期的所有文明中，没有一个国家的文明比中国的更先进、更优越。①

文字是文明的标志。在距今三千多年前，中国的商朝开始出现了书写文字。在这一时期，西方引以为豪的希腊城邦尚未兴起，而罗马帝国的建立则是在一千年之后。与世界其他地方的文字不同，汉字不仅表音，而且具有独特的表形和表意功能。风格各异的书法是中国汉字外形艺术的典型代表，充分体现了中国传统审美艺术的多样化探索。与此同时，通过偏旁部首的组合，汉字又显示出具有丰富内涵的表意功能，体现了中国传统文化的价值取向。这种音、形、意的独特结合是现在其他主要文字，尤其是字母化的西方表音文字所不具备的。至今，日本、韩国在一些重要节日、重要文件、重要事情和重要建筑物中，也都以特定形体的汉字来

① ［美］保罗·肯尼迪著，蒋葆英等译：《大国的兴衰》，中国经济出版社 1989 年版，第 4 页。

表示。每年，日本和韩国还会遴选出特定汉字作为当年国民对整个政治经济社会表现的最突出感受。

英国专门研究中国科学技术史的李约瑟（Joseph Needham）教授认为，纵观历史长河，中国的科学技术成就不逊于西欧诸国、印度和阿拉伯各国，而且往往有过之而无不及。根据他的研究发现，在15、16世纪之前，东西方科学技术的交流是中国的技术传到西方。到16、17世纪开始才有一些西方的技术传到中国。但直到18世纪中叶之前，中国丝毫不亚于西欧。

被称为“四大发明”的造纸、印刷、指南针和火药，是前现代时期中国在世界科技领域领先地位的突出体现。以这四大发明为代表的科学技术传到世界各地，为其历史发展提供了重要动力，尤其是在欧洲现代化过程中发挥了重要作用。英国著名的哲学家弗朗西斯·培根（Francis Bacon）认为，火药、指南针、纸张和印刷术对西欧走出了一千多年的中世纪黑暗时代发挥了重要作用。① 纸张和印刷术大大促进了知识的传播和积累，有助于尽快摆脱宗教神权的约束。1042—1048年，中国毕昇发明活字印刷。400年后，即1456年，德国人古腾堡用活字印刷术印出第一部作品——《四十二行经》。印刷术经过发展和改良，为欧洲文艺复兴和宗教改革提供了传播技术。指南针有助于刚刚兴起的海上探险和贸易，对地理大发现起到了不可替代的作用。黑火药的引入有助于各国君主打破各个封建贵族领主的坚固堡垒，从而为资本主义经济发展扫清了地方障碍，促进了统一大市场的形成。由此，也促进了西方社会分工，生产效率的提升。

实际上，除了“四大发明”外，中国在很多领域都处于世界领先地位。一些西方学者认为，技术上早熟是中国文明最引人注目的特点。到宋朝时期，出现了一个学习和发明创造的浪潮。传统考试制度的发展、新儒家思想的诞生、火药的发明、雕版印刷术的使用、书籍的广泛发行以及代数、自然科学、天文地理等学科的重大进展，还有大型纺纱机的问

① 林毅夫：《解读中国经济》，北京大学出版社2012年版，第23页。

世，因此被称为中国的“文艺复兴时期”。在当时，中国被认为是世界上最能识字算数的国家。相比之下，欧洲还处于望尘莫及的境地，大量借用中国的新式发明，包括纸张、指南针、独轮手推车、船尾舵、手摇车和雕版印刷术等。当时，中国华北地区已有规模很大的炼铁工业，年产量达到12.5万吨，能够满足一百多万军队的需要。这远远超过700年后产业革命早期英国的铁产量。1736年，美国科尔布鲁克的亚伯拉罕·达贝炼铁厂开始发展时，位于中国河南、河北的鼓风炉和炼焦炉已经运行了700年。① 甚至到1800年前后，中国在很多技术方面与西欧的差距也不是很大，而在灌溉、纺织制造、染色、医药和陶器制造等领域，欧洲还是落后于中国。中国很久以前就有纺织机，它们与多轴纺织机和飞梭只存在细微差别，而后者曾是英国工业革命发明中的标志性代表。中国很早就对蒸汽机不陌生，而且还创造出类似的各种类型的机械。只是与后来的詹姆斯·瓦特的发明相比，这些蒸汽机使用了活塞驱动飞轮。②

当前，很多学者预计中国经济规模将在不久的将来超过美国。国际货币基金组织在2014年10月出版的《世界经济展望》（World Economic Outlook）中甚至认为，中国按照购买力平价计算的经济规模开始超过美国。虽然各界对这一判断存在很大争议，但在前现代的一千多年的时间里，中国经济规模就一直名列世界前茅。英国著名的经济历史学家麦迪森（Angus Maddison）在其著作《世界经济千年统计》中对中国、欧洲以及世界上很多国家和地区的长期经济发展历史做出了非常细致的量化研究。根据他的分析，中国在19世纪中叶之前的两千多年的时间里一直是世界上最大的经济体。中国不仅在人口和疆域上远远超过欧洲诸国，而且直到产业革命前，仍远比它们富饶。在过去两千多年里，有1800年中国在世界国内生产总值中所占比例要超过任何一个欧洲国家。直到1820年，中国在世界国内生产总值中的比例仍

---

① ［美］保罗·肯尼迪著，蒋葆英等译：《大国的兴衰》，中国经济出版社1989年版，第7、10页。

② ［英］马丁·雅克：《当中国统治世界》，中信出版社2010年版，第22页。

然大于 30%，超过西欧、东欧和美国国内生产总值的总和。①

欧洲在古罗马帝国的最强盛时期，中国正处于汉朝时期。麦迪森通过对各种历史数据的推算，中国在人均收入上与罗马帝国不相上下，但中国人口远远多于罗马帝国，因此总体经济规模也要大得多。据统计，早在公元 2 世纪，中国汉朝就拥有 5950 万人，比罗马帝国全盛时期的人口还要多。更重要的是，古罗马帝国崩溃后，欧洲陷入封建割据状态。大大小小的各级封建领主各自为政，市场规模急剧缩小，分工和生产力水平下降，人均收入也不断下降。而在汉朝之后，中国虽然也经历过不少分裂时期，但总体而言，统一的时间远远超过分裂时间，市场规模也远远大于欧洲。在这种背景下，中国劳动分工水平得以不断提高，经济规模不断扩大。因此，虽然两千多年前的中国与欧洲处于同一经济发展水平，但在罗马帝国崩溃以后，欧洲的经济水平逐渐下滑，而中国的经济规模继续上升。② 从历史来看，罗马帝国的崩溃以及西欧后来的发展与汉朝的强大有着历史的关联。在遭受到汉朝的沉重打击后，部分被征服的匈奴人内迁逐步汉化，其余匈奴人不得不向西部发展。匈奴西迁引发的大规模迁徙，导致欧洲大陆与地中海地区的动荡以及西罗马帝国的最终解体。在匈奴的不断进攻下，欧洲东北部的日耳曼人也不得不西迁。其中的一支——西哥特人进入罗马帝国寻求安生之地。由此导致与西罗马帝国的不断冲突。公元 410 年，西哥特国王洗劫了罗马城。在这些游牧民族的不断攻击之下，西罗马帝国的最后一个皇帝于公元 476 年被罢黜。

中国最早建立了世界上最发达的全国交通运输系统。虽然秦朝历史不长，但建造了 6400 多公里的交通官道，超过罗马帝国引以为豪的道路系统。中国后来的历代政府大多以此为基础不断扩建全国交通系统。公元 500—900 年，中国

① ［英］安格斯·麦迪森著：《世界经济千年统计》（附录 B），巴黎经济合作与发展组织 2006 年版，第 261 ~ 263 页，转引自［美］基辛格：《论中国》，中信出版社 2012 年版，第 8 页。

② 林毅夫：《解读中国经济》，北京大学出版社 2012 年版，第 22 页。

逐渐建立起连接主要大城市的官道，使得首都到这些城市的平均时间只需要 8 ~ 14 天。此外，漕运（运河）、海运等水上交通运输方式的兴建，大大促进了各个地区之间的贸易往来和城市的兴起。13 世纪晚期，中国当时最大的城市杭州，已经拥有近 700 万人口。截至那时，中国成为世界上城市化水平最高的社会，城市人口占到全国人口总数的 10%。正如欧洲最大海港城市威尼斯居民马可 · 波罗在 13 世纪晚期所观察到的："我敢保证自己所说的句句属实，这条运河如此之长，经过的地区和城市如此之多，要是测算它所能承载的航运量及其交通价值，那意义将超过所有基督徒的河流再加上他们的海洋。"①

法国传教士、著名汉学家杜赫德（Jean-Baptiste Du Halde）在 1736 年的一篇文章中描述了去过中国的西方人的惊愕："各省地方特产丰饶，加之假河道及运河运载货物之便利，帝国的国内贸易总是一派繁荣……中国内地贸易量之大，即使把全欧洲的贸易加起来，也难与之相比。各省犹如诸多帮国，彼此互通有无。"② 30 年后，法国古典政治经济学家、重农学派创始人——弗朗索瓦 · 奎奈（Francois Quesnay）写道："毋庸置疑，这是世界上已知的最美丽、人口最密集、最繁荣的王国。中华帝国不亚于一个统一在王朝治下的欧洲。"③ 直到亚当 · 斯密 1776 年所观察到的，"中国比欧洲的任何国家都更为富有"④。

技术的进步和经济的发展，推动了中国的对外贸易。据记载，1420 年，明代海军拥有 1350 艘战船，其中包括 400

① ［英］马丁 · 雅克著，张莉译：《当中国统治世界》，中信出版社 2010 年版，第 63 页。

② ［法］杜赫德著，舒尔曼、夏伟编译：《中华帝国及中华鞑靼地理、历史、编年纪、政治及博物》，载于《中华帝国》（节录），海牙舒利尔出版社 1736 年版，第 71 页，转引自［美］基辛格：《论中国》，中信出版社 2012 年版，第 8 页。

③ ［法］奎奈著，舒尔曼、夏伟编译：《中国的专制主义》，载于《中华帝国》（节录），第 115 页，转引自［美］基辛格：《论中国》，中信出版社 2012 年版，第 8 页。

④ ［英］亚当 · 斯密：《国民财富的性质与原因的研究》，载于《国富论》（上卷），商务印书馆 1997 年版，第 65 页。

个大型浮动要塞和250艘远程巡航船只。此外还有数量众多的私营船只。这些船只与朝鲜、日本、东南亚、南亚和东北进行贸易往来。1405—1433年，郑和七次远渡重洋。他的船队有时由两百多艘船只和两万多人组成，出访了从马六甲海峡、锡兰（今斯里兰卡）到红海口桑给巴尔德等的许多港口。其中最大的船只长约400米，排水量超过1500吨，拥有4层甲板、9个桅杆和12个帆，使用船尾舵驾驶，有航海图和指南针，可以容纳500人。无论是船只尺寸吨位、技术水平还是船队规模，都远远超过半个世纪后进行远洋航行的欧洲航海家，也令150年后西班牙的无敌舰队相形见绌。李约瑟在全面比较了这一时期世界各国海军之后认为："明代海军在历史上可能比任何亚洲国家都出色，甚至同时代的任何欧洲国家，以至所有欧洲国家联合起来，可以说都无法与明代海军匹敌。"有人甚至认为，如果愿意的话，郑和船队完全可以绕过非洲，发现欧洲最早进行海上探寻的葡萄牙。①

除了文化、科技和经济外，古代中国在政治上也一直走在西方和世界的前列。与欧洲的历史进程相比，中国早在两千多年前就奠定了现代国家的雏形。秦统一中国后，建立起一套统一的官僚机构，结束封建割据。与此同时，实现书同文、车同辙、统一度量衡。这些措施不仅有助于促进内部统一大市场的建立，更有助于促进文化和政治认同的发展。曾在"冷战"结束后宣布"历史终结"的美国保守派政治学者弗朗西斯·福山意识到，中国并不是最早建立国家的社会，但却是世界上最早建立现代国家制度的社会。汉武帝之后，儒家思想逐渐成为中国传统的主流思想。尽管后人对儒家学说存在不少争议，但马丁·雅克认为，儒家学说中包含有非常优秀的国家意识形态，这些思想在当时已经达到登峰造极的程度，并在精英和平民阶层中都产生了巨大的影响。精通儒学的官员无疑是那时世界上最具才气的一批人，而且怀有"修身、齐家、治国、平天下"的远大抱负，加之共有

---

① ［美］保罗·肯尼迪著，蒋葆英等译：《大国的兴衰》，中国经济出版社1989年版，第8页。

的语言文字，这在提高整个华夏民族的融合程度、身份认同和凝聚力上发挥了巨大的作用。① 这些条件使得中国能够承受巨大的外来冲击，并在近代以来的政治大变革中，能够相对顺利地完成现代民族国家的建构。

---

① ［英］马丁·雅克著，张莉译：《当中国统治世界》，中信出版社 2010 年版，第 196 页。

第 2 章　百年屈辱和不断抗争

从历史来看，清朝在中国传统社会确实达到了一个顶峰，但也是盛极而衰的转折点。从鸦片战争开始，中国由一个东方的天朝上国迅速衰弱成为一个任人欺凌的对象。西方列强的不断侵略和掠夺，使中国遭受了不堪回首的百年屈辱。面对生死存亡的民族危机，中国仁人志士进行了前赴后继的抗争，不断探索救国救民的道路。经过百年的奋斗牺牲，终于迎来了中华人民共和国的成立，中国人民从此又站起来了。

2.1　国运中落的百年屈辱

从康熙、雍正到乾隆时期，清朝实际稳定控制的疆域面积、所辖人口数量和经济规模，在中国历史上都达到了一个前所未有的程度。当清朝政府沉浸在天朝大国的盛世旧梦中时，欧亚大陆另一端的西欧，一场具有世界历史意义的工业革命逐步拉开序幕。虽然中国在当时仍然可以称为世界最富裕的国家，但传统模式的潜力早已枯竭，表面繁荣的背后隐藏着空前的危机。亚当·斯密在 1776 年撰写《国富论》时观察到，“中国一向是世界最富的国家……然而，许久以来，它似乎就停止于静止状态了”。① 而西方凭借工业革命带来的坚船利炮和强大生产力，在不到半个世纪后迅速打开中国的大门，不断加大对中国的掠夺，绵延数千年的文明古国遭受到前所未有的百年屈辱。

作为最早完成工业革命的国家，英国急需扩大世界市场。人口众多的中国则是其觊觎的重要对象。1792 年 9 月，一个由英国公使马嘎尔尼率领的贸易使团前往中国，希望获准在通商口岸广州自由扩大对华贸易。但坚守天朝

① ［英］亚当·斯密：《国民财富的性质与原因的研究》，载于《国富论》（上卷），商务印书馆 1997 年版，第 65 页。

大国观念的乾隆皇帝并不为所动，声称“天朝物产丰盈，无所不用，原不藉外货物以通有无……天朝德威远被，万国来王，种种贵重之物，梯航毕集，无所不有。尔之正使所亲见。然从不贵奇巧，并无更需尔国置办物件。是尔国所请派人留京一事，于天朝体制既属不合，而于尔国亦殊觉无益”。

一些人认为，中英此次会谈体现了两国关于国际关系理念的分歧。但实际上，其背后还是利益之争。对于走上资本主义对外扩张道路的英国而言，清政府的保守和自大成为其资本扩张的重要障碍。利益不可调和，战争只是一个时间问题。无功而返的马嘎尔尼认为中国的抗拒是没有用的，其命运注定要“在海岸上被撕得四分五裂”，“两艘英国军舰足以对付帝国全部的海军力量……无须个把月，即可摧毁沿海的所有航运，令靠捕鱼为生的沿海身份居民陷入饥荒”。①法国历史学家阿兰·佩雷菲特描述了马嘎尔尼使团出使后英国国内的普遍反应：“如果中国继续关闭大门，那就只好用大炮把它轰开。”② 但当时欧洲正处于拿破仑战争时期，暂时制约了英国的军事行动。与此同时，中国正处于“康乾盛世”，国内生产总值仍然是英国的 7 倍。然而，问题的关键恰恰在此，对贪婪的西方殖民者而言，富裕而不强大的国家恰恰是其最为觊觎的猎物。

随着拿破仑战争的结束，英国在经过 1816 年和 1834 年两次贸易使团的失败后，开始急不可耐地寻找一切战争机会。鸦片战争就是在这种背景下爆发的。由于英国东印度公司向中国大量倾销鸦片，招致中国政府的强烈反对。1829 年，中国政府严令禁止鸦片输入，并逐步加大了禁烟力度，林则徐的虎门销烟成为这一运动的顶峰。英国以此为借口致函中国政府，提出“补偿中国当局对居住在广州的英国国民造成的伤害以及对大不列颠国王的侮辱”，永久性地“割让

---

① 《马噶尔尼日记》，载于《出使中国》，第 170 页，转引自《论中国》，生活 · 读书 · 新知三联书店 1998 年版，第 37 页。

② ［法］阿兰 · 佩雷菲特著，王国卿等译：《停滞的帝国》，第 XXII 页，转引自《论中国》，生活 · 读书 · 新知三联书店 1998 年版，第 39 页。

一个乃至数个面积足够大、且位置适中的中国沿海岛屿”，作为英国贸易集散地。随后，英国下令一支舰队“封锁中国主要口岸”，扣押“遇到的所有中国船只”，摄取“几块对英国有油水的中国领土”，直到满意为止。①

鸦片战争的结果完全超过了当时绝大多数中国人的意料。中国以十倍于英国的人口规模、百倍于英军的军队规模，且拥有本土作战的地利，却被由十几艘军舰组成的数千英国远征军打得大败。当时，中国拥有 80 万常备军，而英国远征军最初只有 7000 人，至战争结束时才增至 20000 人。② 中国战败后，被迫签署了屈辱的《南京条约》。不仅要开放五个港口给英国人自由居住和经商，还要支付相当于全国财政收入 1/3 的 2100 万银元作为赔款，割让香港，允许英国在通商口岸享有“治外法权”——领事裁判权。《南京条约》由此拉开了中国近代百年屈辱的序幕。

从今天的角度看，清政府闭关锁国的做法非常不明智，但无论是从当时中国的天朝观念来看，还是从源自于西方的现代国家主权来看，拒绝扩大贸易绝不能构成英国对华动武的合法理由，更何况是禁止后果严重的鸦片贸易。连一些英国开明人士也对此感到尴尬。英国人蒙哥马利·马丁写道：“不是吗，‘奴隶贸易’比起‘鸦片贸易’来，都要算是仁慈的。我们没有毁灭非洲人的肉体，因为我们的直接利益要求保持他们的生命；我们没有败坏他们的品质、腐蚀他们的思想，也没有毁灭他们的灵魂。可是鸦片贩子在腐蚀、败坏和毁灭了不幸的罪人的精神存在以后，还杀害他们的肉体。”③

---

① “巴麦尊勋爵致函中国皇帝的使节”，（伦敦，1840 年 2 月 20 日），载于马士著：《中华帝国对外关系史》（再版，第一卷），载于《冲突时期：1834—1860》（第二部），伦敦朗曼、布朗、格林与朗曼斯出版社 1910 年版，第 621 ~ 625 页，转引自《论中国》，生活·读书·新知三联书店 1998 年版，第 41 ~ 42 页。

② 茅海建：《天朝的崩溃》，生活·读书·新知三联书店 2005 年版，第 48 页。

③ 蒙哥马利·马丁：《论中国的政治、商业和社会》（1847 年伦敦版，第二卷），转引自《马克思恩格斯选集》（第一卷），人民出版社 1995 年版，第 714 页。

然而，英国个别人的道德良知在野蛮贪婪的资本面前并没有多少力量。英国以鸦片贸易扩大中国市场，并以中国的禁烟为借口开启战端，暴露了其侵略扩张的本质。面对国内外舆论指责，英国上下就需要为其披上一层道德的外衣，连著名的《经济学家》杂志也加入到为入侵中国进行辩护的行列中来。时至今日，一些中国人在重新反思鸦片战争时，以近乎自虐的态度片面强调清政府拒绝通商的短视和盲目自大的天朝观念，而忽视了英国发动鸦片战争的自私动因和罪恶手段。面对资本原始积累时期的各种罪恶，马克思意识到仅靠道德批判是不够的。资本家残酷剥削工人并不能仅仅归结为资本家个人道德品质，而是资本不断追逐利润的本性使然。在近代以来西方的全球扩张过程中，不管披上什么样文明或道德的外衣，其背后的主要动因都是如此：谁阻止资本的逐利，谁就是其不共戴天的仇敌，必欲除之而后快。换言之，谁阻其财路，它就断谁的活路。对于鸦片战争，马克思分析道："中国皇帝为了制止自己臣民的自杀行为，下令同时禁止外国人输入和本国人吸食这种毒品，而东印度公司却迅速地把在印度种植鸦片和向中国私卖鸦片变成自己财政系统的不可分割的部分。半野蛮人坚持道德原则，而文明人却以自私自利的原则与之对抗……在这场决斗中，陈腐世界的代表是激于道义，而最现代的社会的代表却是为了获得贱买贵卖的特权——这真是任何诗人想也不敢想的一种奇异的对联式悲歌。"①

尽管第一次鸦片战争后，英国承诺禁止鸦片贸易，但从 1843 年开始，鸦片贸易完全不受法律制裁自由进入中国。据统计，1834 年输入中国的鸦片总值约 3500 万美元，同期英印政府靠垄断鸦片获得了 2500 万美元，占到其财政收入的 1/6。因此，马克思指出，英国政府在印度的财政，实际上不仅要依靠对中国的鸦片贸易，而且还要依靠这种贸易的不合法性。英国政府公开宣称毒品的自由贸易，暗中却保护自己对毒品生产的垄断。任何时候只要仔细地研究一下英国的

---

① 《马克思恩格斯选集》（第一卷），人民出版社 1995 年版，第 716 页。

自由贸易的性质大多会发现，它的“自由”说到底就是垄断。① 由于第一次鸦片战争并没有带来对华贸易的预期增长，加上在战争中轻而易举的胜利，英国不久以后又发动了第二次鸦片战争。

对当时的清政府而言，鸦片战争预示着一种前所未有的挑战：西方在贪得无厌的资本驱使与现代工业的整合进攻。对利润的无限追求是资本的本性。为此，作为其人格化的资本家和作为其工具的资本主义国家，必然会不断地进行扩张——不论是采取传统的领土扩张，建立排他性的殖民体系，还是以自由开放、机会均等之名所进行的资本扩张，其实质都是一样的。在这一过程中，西方利用工业革命所带来的坚船利炮和廉价工业品，为其资本扩张扫清一切民族国家的障碍。在这种新的挑战面前，建立在自然经济基础上的农耕文明不堪一击。

自此以后，西方列强对中国的侵略年甚一年，中华民族的屈辱和苦难也日甚一日。《南京条约》签署不久，美国、法国和沙俄如法炮制，相继迫使清政府签署了《中美望厦条约》(1844)、《中法黄埔条约》(1844) 和《中俄瑷珲条约》(1858)。在随后的半个世纪时间里，中国又连续遭遇了西方一系列的侵略战争：1856—1860 年的第二次鸦片战争，1883—1885 年的中法战争，1894—1895 年的中日甲午战争，1900 年的八国联军侵华……每一次战争都以迫使中国清政府签署丧权辱国的不平等条约告终。其中，尤以 1894 年中日甲午战争和 1900 年八国联军侵华给中国带来的冲击为大。作为中国的周边小国和长期追随国，日本在 1868 年明治维新之后迅速走上西方近代工业化和对外扩张之路。甲午海战的结果是，日本不仅取代中国成为朝鲜半岛的上国，还打败中国这个长期的恩师，抢占了中国的台湾和东北地区，获得了 4 个通商口岸，以及在这些地区进行投资设厂的权利。此外，日本还从中国敲诈了 2 亿两白银的直接赔款和 3000 万两白银的所谓辽东“赎金”。2. 3 亿两白银超过了日

① 《马克思恩格斯选集》(第一卷)，人民出版社 1995 年版，第 719 页。

本当年总收入的 3 倍，成为日本原始资本积累的第一桶金。日本利用这些巨额赔款投资教育、开办工厂、扩充军备，使整体经济和军事实力迅速上升到一个新的台阶。《马关条约》的签署，进一步刺激了其他西方列强掠夺中国的欲望。1900 年，英国、法国、日本、德国、美国、意大利、奥匈和沙俄八国联军入侵中国，迫使清政府签署了空前的《辛丑条约》。其中，仅赔偿金额就高达 4.5 亿两白银，分 39 年还清，年息 4 厘，本息共计达到 9.8 亿两白银。其中，日本又获得近 6000 万两白银。《辛丑条约》是中国近代史上赔款数额最高、主权丧失最多的不平等条约。

1911 年爆发的辛亥革命也并未从根本上改变中国的国际地位，中国的困难和屈辱仍未结束。相反，由于军阀混战，西方国家通过拉一派打一派的方法，对中国分而治之，加紧蚕食和分裂中国。而为了获得国外的支持，一些军阀竞相与帝国主义国家签署丧权辱国的不平等条约，不断出卖中国的国家主权和利益。例如，1915 年袁世凯为获得日本支持而签署了严重损害中国主权的《二十一条》。这样的中国，在西方列强眼里，仍然是一个可以任意宰割的对象。1918 年，英、美、法、意、日“五强”操纵的巴黎和会，无视中国作为战胜国的合法权益，竟然私相授受将战败国德国在中国山东的权益全盘转让给了日本。中国积贫积弱、四分五裂的状态，使邻国日本的侵华欲望不断膨胀。从 1931 年“九一八事变”，到 1937 年的“卢沟桥事变”，日本逐步扩大对中国的侵略，直至发动全面侵华战争，使中华民族到了亡国灭种的最危险时刻！八年期间，日本不仅给中国造成了巨大的财产损失，还导致了 3500 万的人员伤亡。如果从 1874 年入侵台湾算起，日本给中国带来的物质和人员损失更大，其精神贻害，至今尚未清除。

据统计，从 1840 年至 1949 年的 109 年时间里，有 22 个国家迫使历届中国政府共签订了 745 个不平等条约。其中，清政府从 1841 年 5 月至 1912 年 2 月的 70 年间，签订了 411 个。北洋政府从 1912 年 3 月至 1927 年 5 月的 15 年间，签订了 243 个。南京国民政府从 1927 年 9 月至 1949 年 6 月的 22 年间，签订了 91 个。在这些不平等条约的重负下，中国经济日渐衰落，几近崩溃，整个国家承受着失败、分裂和被列强瓜分的屈辱，大量的领土和主权丧失，中国人民的痛苦和中国社会矛盾不断加剧。从 19 世纪中后期到 1949 年的近一个世纪时间里，中国总人口一直停留在 4 亿左右。其中一个重要原因，就是连绵不断的内忧外患导致数以千万计的非正常死亡。

面对如此不堪回首的百年屈辱和困难，人们不禁要问：为何一个在前现代一直居于世界领先地位的文明古国一下子成为任人宰割的对象？

从最直接的原因来讲，就是西方凭借工业革命获得了更有效的财富创造能力和战争利器，从而迅速扩大了对中国的优势。很多学者发现，相对于西方从 14、15 世纪走上资本主义发展道路，中国大致在 15、16 世纪达到顶峰之后，发展速度就开始下降。这就有亚当·斯密在 18 世纪中后期所观察到的，“许久以来，中国似乎处于停止的静止状态”。1736 年，正当美国科尔布鲁克的亚伯拉罕·达贝炼铁厂迅速发展之时，中国河南和河北的鼓风炉和炼焦炉却全部被废弃了。但发展速度的下降并没有立即表现为总体实力的下降，相反被表面的繁荣盛世所掩盖，以至于处于“康乾盛世”之下的乾隆皇帝不觉得有扩大对外贸易的必要。作为中国历史上一位比较有作为的皇帝，乾隆尚且如此，其他人的认识局限就更可想而知。一些研究中国的历史学家甚至发现，英国在 18 世纪中叶发生工业革命时期的经济、科技和工业条件，中国早在 13 世纪就基本上已经拥有。这意味着中国早在 13、14 世纪初就已经走到了发生工业革命的前沿。直到 18 世纪中叶之前，中国在经济规模上还领先于欧洲，在技术水平上不相上下。李约瑟研究发现，在 15、16 世纪之前，东西方科学技术的交流是中国的技术传到西方。但是到了 16、17 世纪开始有一些西方的技术传到中国，到 18 世纪中叶以后，这种流向逐渐固定下来，基本上就是西方的技术传到东方。随着时间的积累，西方由科技进步所推动的速度优势必然转化为质量和规模的优势。从近代中西武器装备发展史中可以看出，在明清之际，中国的军事科技并不落后于西方，双方都还处于工场手工业的同一水平。但康熙之后，由于长期和平，清朝武器装备的研制和引进逐渐停滞，中西武器装备的差距急剧扩大。到鸦片战争爆发时，清军使用的传统武器装备与英军工业革命制造的武器装备相比，整整落后 200 多年，有些枪炮甚至连明朝的都不如。① 当热兵器逐渐取代冷兵器时，决定战争的胜负不再仅仅取决于人数的多寡，更受到武器技术水平的影响。清朝战败虽然在当时出于很多人的意料之外，但实际也在情理之中。

中国为什么在近代前取得了骄人的科技成果，而在进入近代后落伍了呢？英国研究中国科技史的著名学者李约瑟提出了这个被后人称为“李约瑟之谜”的问题。对此，很多学者提出了很多不同的看法。林毅夫认为，关键是科技进步速度。在前现代时期，科技进步主要依靠经验试错。人口越多，技术发明就越多。大量的人口和政治的稳定，确保中国在前现代时期保持科技领先地位。但在进入现代社会之后，经验的重要性已被实验所取代。经验型技术发明逐渐被实验型技术发明所取代，西方技术发展的速度随之不断加快，并越来越超过中国和世界其他地区。在欧洲借助科学实验的方法加速进行技术创新、经济发展一日千里的时候，中国却在科举考试和传统的教育制度下不能形成自主创新的科学与工业革命，只能固守旧有的技术与生产水平在原地踏步，两者的差距越来越大。② 其实，中国的科举考试最初完全是综合性的，除了儒家经典，还包括法律、数学和政治时事。只是到后来才变成极其狭隘的八股文。所以问题本身并不在通过考试选拔人才的制度本身，而是考试内容和教育方式的问题。

除了经济和技术这些直接原因外，国家政治形态和发展道路是更深层次的原因。由于近代科学技术的发展及其在军事上的广泛应用，导致战争的成本越来越高，只有将暴力与资本有机地结合起来，实现二者的良性循环，才能在频繁激烈的竞争中取胜。这是近代西方崛起的普遍路径。美国海军

① 茅海建：《天朝的崩溃——鸦片战争再研究》，生活·读书·新知三联书店 2005 年版，第 35 页。

② 林毅夫：《读懂中国经济》，北京大学出版社 2012 年版，第 31～58 页。

历史学家 A. T. 马汉在总结近代海上争霸时指出，海权在于强大的海军和海上贸易的结合。英国不会把它的海上力量单纯地建立在军事基地上，也不会仅仅建立在舰船上，而是建立在通过战争和合约获得的巨大的贸易优势之上。① 亚当·斯密观察到，“近代战争火药费用的浩大，显然给能够负担此浩大费用的国家提供了一种利益，而使文明国家对野蛮国家立于优胜地位。在古代，富裕文明国家很难防御贫穷野蛮国家的侵略；在近代，贫穷野蛮国家却很难防御富裕文明国家的宰割”。② 美国著名的国际政治学者罗伯特·吉尔平指出，使用昂贵的军事技术保护经济活动以及收取贸易扩张所产生的税金，需要有一个在封建制度中从未存在过的强大的政治组织形式。现代国家之所以取得对其他传统国家的胜利，就在于它的财政能力和发动战争的能力。③ 通过与商人、冒险家的合作，大力发展市场经济和军事力量，西方得以走上了一条不断扩张的道路。

郑和下西洋比起哥伦布航海要早 87 年，船只吨位、技术水平和船队规模也远远超过哥伦布。但 15 世纪中叶之后，中国的造船与航海技术没有大的改进；相比而言，哥伦布的航海之后，却兴起欧洲的造船技术和探索新大陆的热潮，使得欧洲以此为起点，步入现代时期。其中一个重要原因是，郑和下西洋是以宣扬天朝德威为主的政治行动，不是资本驱动下的逐利行为，因此存在严重的成本收益倒挂问题。据著名的历史学家黄仁宇考察，永乐期间，郑和每次下西洋花费约为白银 600 万两，相当于当时国库年支出的两倍，这还不包括造船等各地支出的费用。而建造和修补一艘船平均需要 1600 两白银，每次出航平均需船 260 多艘，仅造修费用就需要几十万两白银。如此巨大的成本没有通过对外掠夺或对外贸易来补偿，完全建立在受气候波动影响大、自然增长率极

---

① ［美］A. T. 马汉著，安常荣、成忠勤译，张志云、卜允德校：《海权对历史的影响》，解放军出版社 2008 年版，第 283、289 页。

② ［英］亚当·斯密著：《国民财富的性质和原因的分析》，载于《国富论》（上卷），商务印书馆 1997 年版，第 271 页。

③ ［美］罗伯特·吉尔平：《世界政治中的战争与变革》，上海人民出版社 2007 年版，第 124 ~ 129 页。

低的传统农耕经济基础上，必然导致国力的过度透支。长此以往，难以为继。最后，明朝政府不得不放弃这一行动，封存关于造船和航海的所有技术资料，并严格限制居民出海。

在反思中国近代衰落的原因时，明清两朝所实施的“禁海令”被视为一个重要原因。1371 年，由于大规模的日本海盗对中国船只构成了威胁，明代命令禁止沿海居民出海。1436 年，政府禁止制造适于远航的船只，减少船只的建造，废弃制造船只的船台。违者将受到严厉惩罚。到 1757 年，广州成为进行合法贸易的唯一港口城市。禁海令作为一种以逸待劳的军事防御战略，有其特定价值，但从整个国家的发展战略来看，是短视的。它导致中国逐渐走向封闭，从而错失了与他国交流学习走向近代工业化的发展机遇，最后使整个民族付出沉重的历史代价。针对 18 世纪中后期中国的经济现状，亚当·斯密指出：“假设能在国内市场之外，再加上世界其余各地的国外市场，那么更广大的国外贸易，必能大大增加中国制造品，大大改善其制造能力。如果这种国外贸易，有大部分由中国经营，则尤有这种结果。通过更广泛的航行，中国人自会学得外国所有各种机械的使用术与建造术，以及世界其他各国技术上、产业上其他各种改良”。①

从今天的角度来看，如果亚当·斯密的假设得以实施，那近代中国的百年屈辱肯定可以避免，整个地区和世界的历史也将重写。但历史不可能假设，更不可能重来。如果说百年屈辱对中国有何教育意义的话，那最重要的就是再次提醒了今天的中国人民，落后就要挨打！

2.2 前赴后继的不断抗争

近代中国所面临的外部冲击，正如当时很多有识之士所看到的，是“千年未有之变局”。此前的历次外部冲击，大多是以中原王朝的最终胜利而结束。即使是蒙古和满族等周边少数民族执政，他们最后也都接受了中华传统的政治文化价值，并以之证明自己为时下中国之正统。其结果

---

① ［英］亚当·斯密：《国民财富的性质与原因的研究》，载于《国富论》（下卷），商务印书馆 1997 年版，第 247 页。

不但继续保持了中华文脉和精神，还进一步促进了各民族之间的融合。

面对英国的入侵，当时很多人也以为此次入侵将如同历史上的历次外敌入侵一样，最终要么因为路途遥远和内部分化而自动退出，要么最终融入中华文化体系。但事实完全出乎意料。西方列强对中国的入侵是一场包括军事、经济、政治和文化的全面入侵。他们以坚船利炮打开中国大门，导致中国国土日益被瓜分，主权不断沦丧。随后，蜂拥而至的工业制成品和资本逐步打破中国传统的经济社会结构，日益瓦解中国传统文化的根基。面对如此全面而深入的挑战，越来越多的中国人感到“亡国灭种”的危机。

但是，中华民族历来是一个勤劳、勇敢、智慧的民族。面对千年未有之变局，面对民族存亡的空前危机，无数仁人志士在前赴后继、奋力抗争的同时，也在不断自我检讨，从“技不如人”的器物层面，到制度文化等各个层面进行深入反思，探索救国救民的道路。

从第一次鸦片战争到抗日战争的历次民族自卫战争中，中国都是以劣势装备对抗装备精良的西方列强，有时甚至是以令人难以想象的原始方式与先进装备的敌人对抗，其牺牲之壮烈、其代价之大是非常惊人的。对此，一些西方列强往往以一种鄙夷而又恐惧的眼光看待中国的这些反抗。其实，这种态度是非常虚伪的。当英国国内批评中国在鸦片战争中的反抗行为时，马克思批判道：“这些把炽热的炮弹射向毫无防御的城市、杀人又强奸妇女的文明贩子们，尽可以把中国人的这种抵抗方法叫作卑劣的、野蛮的、凶残的方法；但是只要这些方法有效，那么对中国人来说这又有什么关系呢？既然英国人把他们当作野蛮人对待，那么英国人就不能反对他们充分利用他们的野蛮所具有的长处……简言之，我们不能像道貌岸然的英国报刊那样从道德方面指责中国人的可怕暴行，最好承认这是保卫社稷和家园的战争，这是保存中华民族的人民战争。虽然你可以说，这场战争充满这个民族的目空一切的偏见、愚蠢的行动、饱学的愚昧和迂腐的野蛮，但它终究是人民战争。而对于起来反抗的民族在人民战争中所采取的手段，不应当根据公认的正规作战规则或任何别的抽象标准来衡量，而应该根据这个反抗者民族所刚刚达到的文明程度来衡量。”①

面对民族解放的巨大牺牲和代价，也有一些人怀疑，这些牺牲是否有价值？实际上，战争不仅是物质的较量，同时也是精神意志的较量。对弱者来讲，无任何物质优势可言，唯有不屈不挠的抗争和前赴后继的牺牲，而这正是列强所担心的。正如萧伯纳所言：人，可以消灭他，但不能打败他。对于一个勇敢的民族而言，只要一息尚存，就会抗争不已。虽然就具体战例而言，中国的抗争有很多可以检讨和改进的地方。但从更高的政治战略意义上讲，正是这些明知其不可为而为之的慷慨赴死、视死如归精神，震撼了列强，抑制了其野心的恶性膨胀。可以肯定地说，如果没有这些抗争，中国早已被瓜分完毕，完全沦为西方的殖民地。义和团运动之后，作为八国联军统帅，德国瓦德西元帅不得不承认，“无论欧美各国，皆无此脑力与兵力可以统治此天下生灵四分之一”，“故瓜分一事，实为下策”。因此，虽然中国的大多数抗争在付出巨大代价后依然失败了，但使帝国主义看到了中华民族不畏强敌的坚定意志和战斗精神，同时也唤醒了越来越多的中国人，并教育和锻炼了他们。抗日战争之所以取得胜利，在很大程度上也是建立在以往历次抗争的基础之上的。

当英国以坚船利炮打开国门的时候，清朝才开始意识到军事技术的差距，从而涌现出一批呼吁引进西学以求发展自身和抗衡外国的思想家，并形成了轰动一时的“洋务运动”。1843 年，魏源受林则徐之托，用其手稿编撰《海国图志》，还提出了“师夷长技以制夷”的思想。1861 年，冯桂芬在《校邠庐抗议》中最早提出“中体西用论”，即称“以中国之伦常名教为原本，辅以诸国富强之术”。同年，清朝自上而下地发起了一场以“师夷长技以自强”为口号的改革运动。“洋务运动”从军工业开始，渐渐扩展到近代工矿业、交通与通信产业和民用工业上，初步创立了中国最早的近代

① 《马克思恩格斯选集》（第一卷），人民出版社 1995 年版，第 710 页。

工业化基础。

但1895年中国在甲午战争中的战败，标志着洋务运动三十多年“强兵”目标的失败。由此，也促使中国人进行进一步的反思。在这种背景下，产生了以变法自强为旗帜的戊戌变法运动。相对来讲，洋务运动以“中体西用”为原则，专注于技术及管理方法的引进，而不求政治体制的变革。戊戌变法除了继续支持洋务运动时期的所有近代工业化工程外，还提出了一套全面的改革计划，如发展农工商业，倡导科学文化，鼓励发明创造，开设新学，改革政治，“兴民权”、“开议院”，实行君主立宪等。其目的就是要开启民智，富国强兵。

清政府对维新变法运动的镇压以及《辛丑条约》的签署，使国人完全丧失了对清朝维护国家主权和利益的信心，革命成为越来越多人的共识。作为中国民主革命的先行者，孙中山以其不屈不挠的精神，愈挫愈勇，为革命奔走呼号。其精神可嘉，但由于缺乏强大的依靠力量，仅靠少数人的刺杀暴动，或者拉一派打一派的做法，其成果乏善可陈。因此，1911年的辛亥革命并未从根本上改变中国在国际上无权的地位。相反，由于军阀混战，西方国家通过拉一派打一派的方法，对中国分而治之，加紧蚕食和分裂中国。而为了获得国外的支持，一些军阀竞相与帝国主义国家签署丧权辱国的不平等条约，不断出卖中国的国家主权和利益。

孙中山“革命尚未成功、同志仍需努力”的遗憾与维新变法的失败，有一个共同的原因，那就是缺乏对中国民众力量的充分动员。其实，“维新派”和“革命派”都意识到，自鸦片战争以来的历次抗争是两种不同政治体系的对抗。西方国家通过现代政治动员和组织，举全国之力进行对外扩张。而清政府只靠儒家伦理的道统进行统治和管理，缺乏开发和整合国家政治、经济、军事和技术资源的现代能力。而中国民众也缺乏社会整体意识，缺乏国家认同，导致“一盘散沙”。“维新派”代表人物梁启超认为，当今世界是民族主义的时代，西方列强以民族帝国主义称雄世界，“故今日欲抵挡列强之民族帝国主义，以免浩劫而拯生灵，唯有我行我民族主义之一策”。①“革命派”领导人孙中山指出，中国人只讲家族和胞族，却没有国族观念。因此，中国虽聚四万万之众，实则为“一盘散沙”，直至今日沦为世界上最贫弱的国家。如要挽救于危亡，就须提倡民族主义，即用民族主义之精神去拯救国家。当时的这些看法凸显了中国现代化首先必须完成的一个任务，就是要在中国广大民众中形成以现代民族意识为基础的新的身份认同，结束“一盘散沙”的状况，才能实现国家的独立和富强。

虽然大一统的长期历史和传统思想，使得中国的许多知识和政治精英一直就有一种文明色彩的民族意识。但从根本上来讲，民族主义是一种大众的集体情感，而不仅仅是一种精英意识。在经济、教育文化长期落后的条件下，除了那些知识和政治精英以及接受其观念的一些民众外，大多数人的首要认同对象仍然是以血缘或地缘为基础的家族或胞族。因此，教育、发动和组织民众才是中国实现民族独立解放的根本途径。

作为日本侵华的急先锋，关东军“三羽乌”之一的板垣征四郎在制造“九一八事变”前所进行的战争动员中宣称，中国“是一个同近代国家的情况大不相同的国家，归根结底，它不过是在这样一个拥有自治部落的地区加上了‘国家’这一名称而已。所以，从一般民众的真正的民族发展历史上来说，国家意识无疑是很淡漠的。无论是谁掌握政权，谁掌握军权，负责维持治安，这都无碍大局”。② 应该说，以板垣为代表的日本军政领导人对此前中国政治特点和民众心理的认识还是很深刻的。也正是基于这种认识，才使得日本法西斯军国主义分子的欲望不断膨胀，日益狂妄。但经过从鸦片战争到 20 世纪 30 年代的不断抗争，中国人的民族意识已经觉醒。“七七事变”后，日本侵华所面对的不再是个别人和个别组织的抵抗，而是一场“地不分东南西北、人不分男女老幼”的人民战争。在这种新的形势下，日本可以赢

① 《新民说》，转引自徐迅：《民族主义》，中国社会科学出版社 2005 年版，第 254 页。

② 转引自金一南：《苦难辉煌》，华艺出版社 2009 年版，第 155 页。

得很多场战斗的胜利，但已不可赢得战争的胜利。日本的战败是必然的。抗日战争是自鸦片战争以来中国取得的第一场反帝斗争的胜利。但抗日战争的胜利并没有完全实现中华民族的完全解放。这一任务的最终完成是由中国共产党人实现的。

毛泽东回忆说，自从 1840 年鸦片战争失败那时起，先进的中国人，经过千辛万苦，向西方国家寻求真理。洪秀全、康有为、严复和孙中山，代表了在中国共产党出世以前向西方寻求真理的一派人物……但帝国主义的侵略打破了中国人学西方的迷梦。很奇怪，为什么先生老是侵略学生呢？中国人向西方学得很不少，但是行不通，理想总是不能实现。多次奋斗，包括辛亥革命那样全国规模的运动，都失败了。直到十月革命一声炮响，给中国送来了马克思主义。①从此，中国人民在中国共产党的领导下，通过艰苦卓绝的斗争，最终赢得了民族解放的伟大胜利，结束了百年来“一盘散沙”的状况。

1949 年 4 月 20 日，当中国人民解放军准备进行渡江作战时，英国军舰“紫石英”等四艘军舰无视警告闯入解放军长江防线，遭到中国人民解放军的反击，受伤搁浅于镇江附近水域。4 月 26 日，英国保守党领袖丘吉尔叫嚣，“派一两艘航空母舰到中国海上去……实行武力报复”，英国首相艾德礼宣称，“英国军舰有合法权利在长江行驶”。对此，毛泽东在为中国人民解放军总部发言人起草的声明中表明了中国人民不怕任何威胁、坚决反对帝国主义侵略的严正立场，“长江是中国的内河，你们英国人有什么权利将军舰开进来？没有这种权利。中国的领土主权，中国人民必须保卫，绝对不允许外国政府来侵犯”②。虽然在第二次世界大战中受到沉重打击，但英国政客对待中国的傲慢心态依然溢于言表。只是这个曾经的“日不落帝国”已经夕阳西下，日薄西山，再也没有当初的底气，只好灰溜溜地撤出长江。随后，当乘

---

① 《毛泽东选集》（第四卷），人民出版社 1991 年版，第 1470 页。

② 《毛泽东选集》（第四卷），人民出版社 1991 年版，第 1460 页。

胜追击的人民解放军在深圳河边罗湖桥眺望香港时，港英政府深感无力回天，人心惶惶，甚至做好撤离准备。对他们来讲，这一变化来得太快，以致尚未做好心理准备。但对中国人民来讲，这一天来得太晚。150 多年前，马嘎尔尼傲慢地认为只需两艘军舰就足以对付中国的全部海军力量。随后的鸦片战争，证明了英国傲慢的底气。在这一百多年的时间里，英国只需几千人的远征军加十几艘军舰就可以在中国万里海疆自由驰骋，在中华内陆横冲直撞，如入无人之境。但一百年之后的中国已经发生巨大改变。历代仁人志士前赴后继的抗争已经唤醒了全体中国人的民族意识，一幕幕血的教训教育和锻炼了中国人民。在中国共产党的领导组织下，中国人民结束了过去“一盘散沙”的状态，激发出前所未有的政治能量。面对在中国人民解放军势如破竹的攻势中所体现出来的前所未有的力量，英国政府不得不冷静地思考与新中国的关系。1950 年 1 月 6 日，英国成为西方第一个宣布承认新中国并希望建立外交关系的国家。但因为其追随美国的对华政策而遭到中国的拒绝。因此，双方一直保持“半建交”的代办级外交关系，直到 1972 年才升级到“正式建交”的大使级外交关系。这与一百年前英国因为中国不愿意扩大通商而发动鸦片战争相比，可谓翻天覆地的变化。

如果说英国对华政策变化是一个衰落帝国的无奈选择的话，那么在朝鲜战场上将由世界头号强国美国领导的 16 国“联合国部队”打回“三八线”，则充分地体现了中华民族的勇气、毅力和智慧。在很大程度上可以说，抗美援朝战争是中华民族重新站起来的宣誓书。新中国成立前，毛主席强调，“中国必须独立，中国必须解放，中国的事情必须由中国人民自己作主张，自己来处理，不容许任何帝国主义国家再有一丝一毫的干涉”。① 1953 年 7 月 27 日，经过三年艰苦卓绝的斗争，当美国代表在朝鲜停战协定上签字后，彭德怀元帅骄傲地宣布，帝国主义在东方架起几门大炮就可以征服一个国家、一个民族的历史已一去不复返了！

---

① 《毛泽东选集》（第四卷），人民出版社 1991 年版，第 1465 页。

面对强敌威胁，毛泽东坚信，我们中华民族有同自己的敌人血战到底的气概，有在自力更生的基础上光复旧物的决心，有自立于世界民族之林的能力。正是这种不屈不挠的精神，使得中华民族历经百年危机而不亡、浴血抗争而复生。历史永远不会忘记，中国人民永远不会忘记，那些为民族独立和人民解放而牺牲的人民英雄。正如人民英雄纪念碑碑文所铭记的：由此上溯到一千八百四十年，从那时起，为了反对内外敌人，争取民族独立和人民自由幸福，在历次斗争中牺牲的人民英雄们永垂不朽！他们的英雄事迹和伟大精神将永远激励中国人民，成为推动中华民族伟大复兴的精神动力。

第3章　走向民族复兴的伟大征程

中华人民共和国的成立，结束了过去“一盘散沙”、任人欺辱的被动状态，为中华民族的伟大复兴奠定了重要的政治基础。65年来，经过各族人民的共同努力，中国综合国力日益增强，国际影响和地位不断提升，在实现民族复兴的道路上取得了举世瞩目的成绩。

3.1　由封闭到开放

1984年10月，邓小平在中央顾问委员会第三次全体会议上总结道，“现在任何国家要发达起来，闭关自守都不可能。我们吃过这个苦头，我们的老祖宗吃过这个苦头”。①“闭关锁国”是导致近代中国盛极而衰、最后被动挨打的重要原因。新中国成立以后相当长一段时间里，由于西方的“冷战”，中国对外交往主要限于原苏联、东欧的前社会主义国家和亚非拉第三世界国家，范围和程度有限。其间还曾一度受到“左”的思想干扰而出现过短暂的倒退。按照邓小平的话来讲，就是“过去是西方不让我们开放，后来一段时间是我们自己不开放”。

从20世纪70年代开始，随着中西方关系的缓和，尤其是1979年改革开放后，中国逐步走向全方位、多层次、宽领域的对外开放，不断扩大与世界的经济、教育、文化和政治交往。“开放”与“改革”一道成为推动中国经济社会发展、实现中华民族伟大复兴的重要推动力量。

经济发展是中国对外开放的原动力，也是成果最为显著的领域。从新中国成立到改革开放前30年，我国对外经济交往的范围和程度有限。这主要受两个方面因素的影响。从国内来讲，基础薄弱，经济技术落后，缺乏参与国际经济竞

① 《邓小平文选》（第三卷），人民出版社1993年版，第90页。

争的足够实力。而基于对过去帝国主义殖民统治的痛苦记忆，不愿意再次被剥削控制，因此主要采取向外国政府借款或由其提供技术援助的方式进行。其典型代表就是中国“一五计划”期间，由苏联援助建设的158个大型项目。从国际方面来讲，主要是西方继续维持对华敌视政策，使得中国对外经济交往范围受到很大限制。随着20世纪60年代后中苏关系的恶化，中国能够获得的外部经济援助完全停止。而为了支持第三世界国家的反帝斗争，中国还要承担大量的对外援助。这些情况加剧了中国的经济困难。随着中西方关系的全面解冻和中国战略重心转移到经济建设上来，对外开放再次成为中国的选择。中国采取先局部试验后逐步推广的方式，从建立经济特区到开放沿海、沿江、沿边和内陆，从东部地区到中西部地区，从贸易到投资和金融，从货物贸易到服务贸易，从大规模“引进来”到大踏步“走出去”，对外开放日益均衡，从而为中国经济发展提供了持续强大的动力支持。

通过政策优惠和制度改革实施“引进来”战略是中国对外开放的起点。1980年，中央决定设立深圳、珠海、汕头、厦门经济特区，成为我国对外开放的先导示范基地，标志着中国对外开放航船正式扬帆起程。1984年，开放大连、秦皇岛、天津、烟台、青岛、连云港、南通、上海、宁波、温州、福州、广州、湛江、北海14个沿海港口城市。1985年，将长江三角洲、珠江三角洲、闽南厦漳泉三角地区开辟为沿海经济开放区。1988年初，又将辽东半岛和山东半岛全部对外开放；同年4月，设立海南省，并兴建我国最大的经济特区——海南经济特区。1990年，开发开放上海浦东，实行经济技术开发区和某些经济特区政策。1992年邓小平南方讲话之后，对外开放加速向纵深推进，迅速由沿海向沿江及内陆和沿边城市延伸。2000年，伴随着西部大开发战略的实施，对外开放进一步扩大到广大西部地区。至此，全方位的区域开放格局基本形成。2001年中国正式加入世界贸易组织（WTO）后，对外开放进入了新的阶段：由以试点为特征的政策性开放，转变为在法律框架下的制度性开放；由以单方面为主的自我开放市场，转变为我国与世贸组织成员之间的双向开放市场；由被动地接受国际经贸规则的开放，转变为主动参与制定国际经贸规则的开放；由只能依靠双边磋商机制协调经贸关系的开放，转变为双边、多边机制相互结合和相互促进的开放。①

在“引进来”战略中，吸引和利用外资是其核心内容。改革开放之初，由于对中国政策的疑虑，加之软硬件设施的落后，外资流入进展缓慢，外资单项规模和总体规模都比较小，技术水平也比较低，主要以向外国政府的借款为主。1983年，我国实际使用外资22.6亿美元，其中外商直接投资9.2亿美元。到1990年，中国实际使用外资也只有102.9亿美元，其中外商直接投资34.9亿美元。20世纪90年代，中央确定了积极合理有效利用外资的方针，吸收外资进入高速发展时期。中国外资规模不断扩大，涉及领域也越来越广，技术水平不断提升。从1992年至2000年，中国实际使用外商直接投资3233亿美元，年均利用外资金额359亿美元，是1986年至1991年的10倍多。2001年至2008年实际使用外商直接投资5043亿美元，年均630亿美元。② 到2013年，中国实际使用非金融类外商直接投资达到1176亿美元。③ 从1979年到2013年，中国累计实际使用外商直接投资达13937亿美元④。截至2014年，中国连续23年居发展中国家首位，连续13年居世

① 中国国家统计局：《从封闭半封闭到全方位开放的伟大历史转折——新中国成立60周年经济社会发展成就回顾系列报告之二》，参见：http://www.states.gov.cn/ztjc/ztfx/9zxzgc/bozn/200909/t20090908_68634.html.

② 中国国家统计局：《从封闭半封闭到全方位开放的伟大历史转折——新中国成立60周年经济社会发展成就回顾系列报告之二》，参见：http://www.states.gov.cn/ztjc/ztfx/9zxzgc/bozn/200909/t20090908_68634.html.

③ 中国国家统计局：《2013年国民经济和社会发展统计公报》，2014年2月24日，参见：http://www.stats.gov.cn/tjsj/zxfb/201402/t20140224_514970.html.

④ 马建堂：“建国65周年：综合国力和国际影响力实现历史性跨越”，《人民日报》，2014年9月24日，参见：http://news，china.com.cn/2014-09/24/content_33594388.html.

界前三位。大量外资的进入，不仅为中国的经济建设提供了宝贵的资金，也促进了中国经济技术水平和经营管理水平的不断提升。

对外贸易不断发展，规模和结构不断提升。改革开放前，中国对外贸易伙伴有限，贸易规模小，结构单一。新中国成立之初，中国对外贸易伙伴只有20个左右。1978年也只有40多个。2013年达到了220多个，几乎遍及全球所有国家和地区，并成为其中120多个国家和地区的最大贸易伙伴。与此相应的是中国对外贸易规模的大幅增加。1950年，我国进出口贸易总额仅为11.3亿美元，1973年突破百亿美元，1978年为206.4亿美元。改革开放以来，特别是2001年加入世界贸易组织之后，中国对外贸易加速增长，连上新台阶。1988年突破了千亿美元，2001年突破5000亿美元，2004年突破1万亿美元，2007年又一举突破2万亿美元，2011年突破3万亿美元，2014年突破4万亿美元，达到4.159万亿美元，超过美国跃居世界第一。据统计，从1951年到2013年，中国货物进出口总额年均增长13.9%，其中改革开放以来年均增长16.4%，加入世界贸易组织以来年均增长18.2%。与此同时，货物贸易结构不断优化，初级产品出口额占出口总额的比重由1978年的53.5%下降到2013年的4.9%，工业制成品出口比重则由46.5%上升到95.1%。服务贸易从无到有，迅速增长。2013年，中国服务贸易进出口总额5396亿美元，居世界第三位。①

由于外资的大量流入和出口的快速增长，中国外汇储备不断攀升。1950年，中国外汇储备只有1.57亿美元，1979年为8.4亿美元。1990年突破100亿美元，1996年突破1000亿美元，2001年突破2000亿美元，2003年突破4000亿美元，2006年突破1万亿美元，2009年突破2万亿美元，

---

① 马建堂："建国65周年：综合国力和国际影响力实现历史性跨越"，《人民日报》，2014年9月24日，参见：http://news.china.com.cn/2014-09/24/content_33594388.html.

2011年突破3万亿美元，2013年达到3.82万亿美元。截至2014年8月底，中国外汇储备增加至3.9688万亿美元。①预计到年底将突破4万亿美元大关。截至2014年，中国外汇储备连续9年稳居世界第一位。大量的外汇储备不仅增强了中国抵御金融风险的能力，提升了中国的资信等级，还成为扩大经济影响的重要筹码。

随着"引进来"战略的实施，中国经济实力和技术管理水平不断提升，参与全球分工的能力逐步增强。从2000年开始，中国提出并开始实施"走出去"发展战略，积极扩大对外投资、承包工程和劳务合作，以更好地利用国内外"两个市场、两种资源"，推动中国对外开放的均衡发展。

对外投资从无到有迅速增加。从新中国成立到改革开放前，中国由于财力限制，除了对外援建外，几乎没有对外投资。到改革开放初期，我国只有少数国有企业主要是贸易企业走出国门，开办代表处或设立企业。与对外贸易和引进外资相比，中国对外投资起步相对较晚，但发展速度较快。2003年，我国非金融类对外直接投资29亿美元，2008年上升到407亿美元。2013年对外直接投资突破1000亿美元，达到1078.2亿美元，连续两年居世界第三。其中，非金融类直接投资达到902亿美元。截至2013年底，中国共有1.53万家境内投资者在国（境）外设立2.54万家对外直接投资企业，分布在全球184个国家（地区）。中国对外直接投资累计净额（存量）达6604.8亿美元，位居全球第11位。其中，非金融类对外直接投资存量

① 中国国家外汇管理局统计数据，参见：http://www.safe.gov.cn/wps/portal/!ut/p/c5/hc2xDoIwGATgJzK9SoEytsW2PyIGSRRZCIMxJAIOxucX4mai3o1fLscaNnfsnv21e_TT2N1YzZqoFUAlNVeQNk9AoUolT4QOw3j2c9Qap7yIc0AKB5DQ-8KbkoOCP-vT8he13qRmt3UczhoNUtUxsE7wwK4_XAoyIMrKTZZ5fkjjt_6XxxfosAKPw0Xdh9q9LRSL5COXLU!/dl3/d3/L2dJQSEvUUt3QS9ZQnZ3LzZfSENEQ01LRzEwODRJQzBJSUpRRUpKSDEySTI!/?WCM_GLOBAL_CONTEXT=/wps/wcm/connect/safe_web_store/safe_web/tjsj/node_tjsj_whcb/node_tjsj_whcbs2_store/799fcb004818128e8fc7df84909d05cd.

达到 5434 亿美元。①

以工程承包、劳务合作和技术管理为主要内容的对外经济合作不断扩展。改革开放前，中国对外经济合作主要采取项目援建的方式进行，先后向朝鲜、越南、阿尔巴尼亚、坦桑尼亚等几十个亚非拉国家提供了成套项目援助。由于财力和技术水平限制，中国对外经济合作的规模有限，发展缓慢。从 20 世纪 70 年代中后期开始，中国对外经济合作走上持续高速增长时期。1979 年我国签订对外经济合作合同仅 36 份，合同金额仅 0. 5 亿美元。1989 年为 3100 份，合同金额 22. 1 亿美元。2008 年增加至 16. 4 万份，合同金额达到 1130 亿美元。2013 年，中国对外工程承包完成金额 1371 亿美元，比 2012 年增长 17. 6%。对外劳务合作派出各类劳务人员 52. 7 万人，比上年增长 2. 9%。② 到目前为止，我国对外经济合作业务已经遍及全球 180 多个国家和地区，电力、冶金、石化、轨道交通和电子通信等资金技术密集行业成为我国对外经济合作的主要领域。

除了积极推进双边合作外，新中国还积极参与国际经济合作组织，大力倡导和推动次区域经济合作和自由贸易，为参与全球经济一体化开拓了更加广阔的空间。1980 年 4 月和 5 月，我国相继恢复了在国际货币基金组织和世界银行的合法席位。2001 年，我国加入世界贸易组织（WTO）。20 世纪 90 年代以来，我国积极参与了亚太经合组织、上海合作组织、亚欧会议、大湄公河次区域经济合作、中国东盟自贸区（10+1）、中日韩自由贸易区、中日韩东盟自由贸易（10+3）和“区域全面经济合作伙伴关系”（RCEP）等区域性合作计划，并发挥了越来越重要的作用。目前，中国在积极推进国际经济秩序改革的同时，提出“丝绸之路经济带”、“21 世纪海上丝绸之路”等一系列区域经济合作倡议，并得到了

---

① 商务部、国家统计局和外汇管理局：《2013 年度中国对外直接投资统计报告》，2014 年 9 月 12 日，参见：http：//www. fdi. gov. cn/1800000121_33_4266_0_7. html.

② 中国国家统计局：《2013 年国民经济和社会发展统计公报》，2014 年 2 月 24 日，参见：http：//www. stats. gov. cn/tjsj/zxfb/201402/t20140224_514970. html.

相关国家和国际组织的积极响应。

改革开放以来，中国在积极扩大对外经济交往的同时，也一直致力于大力扩大教育、科技、学术和文化等领域的国际交流与合作。借此，不仅引进了国外先进的科学技术和理念、培养了大量高科技人才，也逐步将中国的传统文化、发展成就和现代化经验推向世界，让世界各国更深入地了解中国。

教育是我国最早对外开放的领域之一。在新中国成立后的一段时间，中国除了接受原苏联东欧的技术专家外，还向这些国家派遣了大量留学生。但随着中苏关系的恶化，中国的国际教育交流相应地大量萎缩。改革开放后，出国留学人数迅速增加。从 1978 年到 2008 年，我国出国留学人数从 860 人增加至 17.98 万人，各类出国留学人员总数达到 139.2 万人。与此同时，中国也逐渐发展成为一个新兴的留学目的地国家，来华留学人数快速增长。来华留学人数由 1978 年的 1000 人左右增加到 2008 年的 22.3 万人，覆盖 189 个国家和地区。截至目前，中国已与世界近 200 个国家和地区以及联合国教科文组织、世界银行等 40 多个国际组织建立了教育合作和交流关系，设立了 20 多个双边教育工作磋商机制，签署并正在执行的双边和多边教育合作协议达到 160 个以上。进入 21 世纪后，我国从主要向国外学习的单向需求转为世界各国与我国之间的双向需求，世界各国对中国教育合作需求也从学习语言转向学生交流、科研合作等更多元化的层次。

文化交流已经成为促进中国与世界相互沟通的重要渠道。新中国成立初期，中国主要与以苏联为首的社会主义国家及亚非拉友好国家，在文学、艺术、图书、博物馆等领域开展交流与合作。改革开放以来，中外文化交流不断扩大和深入，文化交流平台不断拓展，交流方式日益丰富，中华文化在国际上的影响力日益提升。通过积极推进文化走出去，我国文化产品和服务项目出口的种类日益增多，已经培育推出一批具有民族特色、自主知识产权和原创性的知名文化品牌。其中一个典型代表就是孔子学院。2004 年 11 月，全球第一个孔子学院在韩国首尔挂牌成立。截至 2013 年底，中国已在全球120个国家和地区建立了440多所孔子学院和646个孔子学堂。

伴随着经济、教育、文化交流的不断扩大，人员交往也日益频繁，成为中国对外开放的直接受益者。改革开放前，中外人员往来主要限于因公往来，居民因私出国极其罕见。改革开放之后，公务和商务人员往来不断增加的同时，因私出入境快速增加。1993年，中国居民出境人次为374万，入境人次为4153万。2013年分别增长到9819万人次和1.2908亿人次。其中，中国居民因私出境飞速增至9197万人次。①

在经济、教育、文化对外交往不断扩大的背后，是中国对外政治关系的巨大发展。从新中国成立到20世纪70年代，中国对外政治交往主要限于原苏联东欧等社会主义国家和亚非拉第三世界国家。从20世纪70年代开始，中国与西方关系缓和，引来了中国对外建交的第三次高潮。到20世纪90年代中期，中国与世界绝大多数国家建立了正式的外交关系，并不断深化扩大与相关国家和组织之间的合作。到目前为止，中国一共与58个国家和组织建立了各种类型的伙伴关系，从合作伙伴、建设性合作伙伴、全面合作伙伴、战略伙伴、战略合作伙伴到全面战略合作伙伴等。这些合作在促进各自利益的同时，也促进了地区与世界的和平与发展。与此同时，中国参加了世界上主要的国际组织和数千个非政府组织，参与和签署了300多项国际条约、协定和议定书，积极参与处理各种全球和地区性热点和挑战，并发挥着越来越重要的作用。

3.2 由贫穷到富强

落后就要挨打，这是中国人民从近代百年屈辱中得出的惨痛教训。对于经过长期艰苦斗争才赢得民族解放的中国政府和领导人来说，迅速摆脱贫穷落后状况，实现国家富强，是最为迫切的历史重任。

---

① 国家统计局：《1993年国民经济和社会发展统计公报》，参见：http://www.stats.gov.cn/tjsj/tjgb/ndtjgb/qgndtjgb/200203/t20020331_30007.html；《2013年国民经济和社会发展统计公报》，参见：http://www.stats.gov.cn/tjsj/zxfb/201402/t20140224_514970.html.

新中国成立之初，中国的经济总量和人均水平都十分低下，经济技术严重落后，综合实力十分弱小。毛泽东多次指出，近代中国之所以被动挨打，第一个原因是社会制度腐败，第二个原因是经济技术落后。新中国的成立使第一个原因基本解除了，但第二个原因还没有彻底改变。一百多年的帝国主义侵略掠夺以及由此而加剧的国内动荡，留下的是一个积贫积弱、千疮百孔的乱摊子。几乎没有什么工业，“连一辆汽车、一架飞机、一辆坦克、一辆拖拉机都不能制造”。他认为，“如果不在今后几十年内争取彻底改变我国经济和技术远远落后于帝国主义国家的状态，挨打是不可避免的”①。针对一些人对加速工业化认识不足的情况，毛泽东告诫道，“我们的国家在政治上已经独立，但要做到完全独立，还必须实现国家工业化。如果工业不发展，已经独立了的国家甚至还有可能变成人家的附庸国”。② 1955 年毛泽东在资本主义工商业社会主义改造问题座谈会上说：“我们的目标是要使我国比现在大为发展，大为富、大为强。现在，我国又不富，也不强……许多东西我们都不能造，现在才开始学习制造。我们还是一个农业国家。在农业国的基础上，是谈不上什么强的，也谈不上什么富。”③

如何在中国这样一个贫穷落后的东方国家建设社会主义，是一项前无古人的伟大尝试，没有任何成功的经验可以直接借鉴。但中国共产党人凭借强烈的民族责任感和历史使命感，不断探索创新，勇于修正错误。经过 60 多年的建设，中国在经济、社会、教育、科技和国防等各个方面都取得了显著成就，综合国力不断增强，初步实现了由贫穷到富强的伟大转变。

据统计，从 1953 年至 2013 年，中国国内生产总值（GDP）按可比价计算增长了 122 倍，年均增长 8.2%。1952 年国内生产总值只有 679 亿元，1978 年增加到 3645 亿元。

---

① 《毛泽东文集》（第八卷），人民出版社 1999 年版，第 340 页。

② 转引自《周恩来经济文选》，中央文献出版社 1993 年版，第 151 页。

③ 《毛泽东文选》（第六卷），人民出版社 1999 年版，第 495 页。

尤其是改革开放以来，GDP 增长速度进一步加快，年均达到 9.8%。其中，1990 年至 2000 年，中国年均经济增长速度为 10.8%，2000 年至 2012 年为 10.6%。而同期美国年均经济增长速度分别为 3.6% 和 1.7%。① 增长速度和高速增长持续的时间均超过经济起飞时期的日本和韩国。GDP 连续跃上新台阶，1986 年超过 1 万亿元人民币，1991 年超过 2 万亿元人民币，2001 年超过 10 万亿元人民币，2010 年达到 40 万亿元人民币，2013 年达到 56.9 万亿元人民币。②

随着经济的不断发展，中国经济规模在世界的排名由新中国成立初期的十五六位，上升至 1978 年的第十位，2010 年后跃居第二位。改革开放以来，中国经济规模不仅快速超越所有发展中国家，也在不断超越意大利（2001）、英国（2004）、法国（2004）、德国（2008）和日本（2010）等发达国家，并日益拉近与美国的距离。据国际货币基金组织统计，中国 GDP 占美国的比例由 1980 年的 10.6% 上升至 2013 年的 55%。2013 年，中国国内生产总值达到 9.469 万亿美元，2014 年将突破 10 万亿美元。③ 很多机构和学者预测，按照目前两国的相对发展速度，如不出意外中国总体经济规模将在未来 15 年左右的时间赶上美国。

与经济规模相比，经济结构和质量更重要，因为它体现了一个国家的财富生产效率和潜力，而这比财富规模本身更重要。中国经济发展成就，不仅仅是规模的扩大，还有结构和质量的提升。有些人拿鸦片战争时期中西经济的历史数据进行对比，发现当时中国经济规模也很大，但依然挨打，甚至以此否定当前经济发展的成就。这种认识是有失偏颇的。其根本原因就在于没有看到当时中国经济主要是以传统的农

---

① World Bank. http://wdi.worldbank.org/table/4.1.

② 马建堂：“建国 65 周年：综合国力和国际影响力实现历史性跨越”，《人民日报》，2014 年 9 月 24 日，参见：http://news.china.com.cn/2014-09/24/content_33594388.html.

③ IMF. http://www.imf.org/external/pubs/ft/weo/2014/01/weodata/weorept.aspx? sy = 1980&ey = 2015&scsm = 1&ssd = 1&sort = country&ds =. &br = 1&c = 924% 2C158% 2C111&s = NGDPD&grp = 0&a = &pr1. x = 46&pr1. y = 9.

业和家庭手工业为主，技术水平和生产效率极低，只是由于庞大的人口规模和地理范围暂时掩盖了这些根本弱点。而且大部分的产品是被立即消费掉的，因而根本不可能形成持续性的剩余财富积累和决定性的军事打击力量。由于产业结构落后，生产效率低下，大多数人处于贫困状态，清朝生产财富和提取财富的能力远不及当时工业革命后的西方国家，从事战争的能力更不及西方。不要说技术水平，仅就财富生产和提取能力而言，英国以不及中国 1/10 的人口提供了超过当时清朝全年的财政收入。1870 年，英国全国蒸汽机的功率约为 400 万马力，相当于 4000 万人产生的功率。英国当时使用 1 亿吨煤，相当于 800 万亿卡，足以供 8.5 亿成年人使用（当时英国实际人口约为 3100 万）。① 英国的强大，在于它所拥有生产财富和武器的现代化工业以及由此而带来的一切利益。

新中国成立初期，中国没有一种农产品产量达到世界第一，工业中钢产量仅居第 26 位，原油仅居第 27 位，发电量仅居第 25 位。今天的中国已建立起门类齐全、布局合理的产业体系。现代化的生产能力已经占据主导地位，工农业生产的工业化、信息化程度已达到中等偏上国家水平。不仅早已解决了过去长期困扰中国经济社会发展的产品短缺问题，而且在世界经济中占有越来越重要的地位。农业综合生产能力稳步提高，不仅成功解决了世界 1/5 人口的吃饭问题，也为世界粮食安全作出突出贡献。2013 年，粮食产量达到 6 亿吨，比 1949 年增长 4.3 倍。谷物、籽棉、花生、茶叶、水果产量稳居世界第一位。主要工业品供给实现了从严重依赖进口到满足世界需求的历史性跨越。目前，中国制造业增加值在世界占比达到 20.8%，居世界第一，是名副其实的“世界工厂”。不仅如此，中国工业竞争力指数在 136 个国家中排名第 7 位，制造业净出口居世界第一位。按照国际标准工业分类，在 22 个大类中，我国在 7 个大类中名列第一，钢铁、水泥、汽车等 220 多种工业品产量居世界第一位。交

① ［美］保罗·肯尼迪著，蒋葆英等译：《大国的兴衰》，中国经济出版社 1989 年版，第 183 页。

通运输建设实现跨越式发展，由铁路、公路、民用航空、水运和管道组成的综合运输网络四通八达。2013 年，铁路营运里程达到 10.31 万公里，比 1949 年增长 3.7 倍，居世界第二位。其中高铁运营里程突破 1 万公里，居世界第一位；公路里程（不含村道）435.6 万公里，增长 53 倍，其中高速公路里程 10.4 万公里，位居世界第二位；沿海规模以上主要港口货物吞吐量 72.8 亿吨，比 1985 年增长 22.5 倍，连续多年位居世界第一。邮电通信业发展迅猛，现代信息通信基础网络初步建成。邮电业务总量从 1949 年的 2.58 亿元增加到 2013 年的 18432 亿元，按可比价计算，年均增长 17.0%。移动电话用户从无到有，达到 122911 万户。多媒体通信飞速发展，互联网规模不断壮大。2013 年末，互联网上网人数达到 6.18 亿人，其中手机上网人数 5.0 亿人。① 企业竞争力不断增强。2014 年 7 月初，2014 年《财富》世界 500 强企业排名揭晓，中国上榜企业达到 100 家，位列世界第二。

经济发展带来的直接好处就是人民生活水平的提升。65 年来，中国人民生活实现由贫困到总体小康的历史性跨越，正在向全面小康目标迈进。新中国成立初期，人民生活积弱积贫，挣扎在贫困线上。到 1978 年，人民群众的生活水平虽然有所改善，但仍处在温饱不足状态。经过改革开放 30 多年的发展，人民生活由温饱不足走向小康，到 2000 年总体上实现小康，并逐步向全面实现小康转变。中国早已基本解决了占世界 1/5 人口的温饱问题，目前正在实现由温饱到总体小康的历史性跨越。中国人均 GDP 由 1952 年的 119 元增加到 2013 年的 41908 元（约合 6767 美元），根据世界银行划分标准，已由低收入国家迈进上中等收入国家行列（Up-Middle Income）。② 沿海省份如江浙、上海等地，实际已进入高收入水平阶段。多层次、覆盖城乡的社会保障和公

① 马建堂：“建国 65 周年：综合国力和国际影响力实现历史性跨越”，《人民日报》，2014 年 9 月 24 日，参见：http：//news.china.com.cn/2014-09/24/content_33594388.html.

② 马建堂：“建国 65 周年：综合国力和国际影响力实现历史性跨越”，《人民日报》，2014 年 9 月 24 日，参见：http：//news.china.com.cn/2014-09/24/content_33594388.html.

共卫生体系初步建立，人民社会保障和健康水平不断提高，公共文化服务体系初步形成。2013 年，我国城镇化率达到 53.73%，比 1949 年提高 43.09 个百分点。根据《2013 年联合国人类发展报告》的数据，改革开放以来，中国人类发展指数提升速度居全世界之首。从 2011 年开始，中国人类发展指数超过世界平均水平，实现了从低人类发展到中人类发展水平的跨越。与之相对，印度比中国独立早，工业基础设施比中国好，独立后还得到了苏联、美国和英国的帮助与支持，但无论是经济规模还是人均水平都远不及中国。

中国教育科技事业快速发展。由于教育的长期落后，直到 1964 年，中国的文盲率仍然高达 33.58%。2000 年，中国实现了全国基本普及九年义务教育、基本扫除青壮年文盲的战略目标，全国成人文盲率不断下降。到 2008 年，全国文盲率降至 6.7%。随着义务教育、高等教育和职业教育发展，中国教育普及程度明显提高，已接近中等收入国家平均水平。2013 年，我国高等教育毛入学率达到 34.5%，全国普通本专科在校生达到 2468 万人。教育事业取得巨大进步，实现了从文盲大国到人力资源大国的转变。

科学技术事业突飞猛进，形成了从基础科学、应用科学、公益性社会科技服务到工程设计、开发研究、科学测验等门类和学科都十分齐全的科学技术体系，越来越多的重大科技成果已达到或接近世界先进水平。每秒运行速度超过千万亿次的“天河”系列超级计算机系统研制成功。从“神舟一号”到“神舟九号”，中国载人航天飞行稳步推进。从“嫦娥一号”到“嫦娥五号”，中国探月工程不断突破。“神舟十号”载人飞船与“天宫一号”目标飞行器成功实施首次绕飞交会试验。7000 米深海载人潜水器“蛟龙号”实现从深海试潜到科学应用的跨越。继 2013 年“嫦娥三号”探测器顺利实现首次在地外天体软着陆和巡视勘察后，“嫦娥五号”飞行试验器于 2014 年 11 月完美返回地球，开启了中国探月新时代。这些重大科技工程成果，展现了中国科学技术的巨大进步。目前，我国研发人员总量超过 3000 多万，仅次于美国，居世界第二位，为中国的自主创新和科教兴国奠定了雄厚的人力基础。与此同时，科技投入不断增加。

2013年，全社会研究与试验发展（R&D）经费支出11906亿元，比1995年增长33倍，年均增长21.6%；R&D经费支出占GDP的比重为2.09%，比1995年提高1.51个百分点。① 2014年3月份，世界知识产权组织发布报告称，2013年全球国际专利申请量首次超过20万件，中国超越德国成为世界第三，中兴公司和华为公司均位列全球企业专利申请量的前三甲。

天下虽安，忘战必危。在现实的国际政治中，国防军事实力始终是一个国家综合实力的“硬核”。作为自由贸易理论的奠基人，亚当·斯密在探索如何实现“富国裕民”的方法时不忘提醒人们，“国防比国富重要得多”，“勤勉而因此富裕的国家，往往是最会引起四邻攻击的国家”②。历史教训也告诉我们，没有强大的军事实力做后盾，巨大的财富反而更容易招致危险。基于近代历史的沉痛教训，新中国成立后非常重视国防事业，在极其困难的情况下勒紧裤腰带开发出“两弹一星”。正如邓小平后来所评价的，没有“两弹一星”就没有中国的大国地位。依靠独立完整的现代国防工业体系，中国人民解放军早已告别了“小米加步枪”的时代，发展为包括陆军、海军、空军、战略导弹部队和其他技术兵种在内的诸军兵种的合成部队，现代化条件下的防卫作战能力大大增强。中国可以独立生产各种新型现代化的常规武器和多种核武器，是世界上五个核大国之一。人民解放军的革命化、正规化和现代化建设不断加强，国防实力和军队防卫作战能力进一步提升。

“冷战”结束后中美关系的波折，以及以“海湾战争”、“科索沃危机”等为代表的一系列高科技战争再次警醒了中国。中国开始调整改革开放后10多年里国防建设服务服从于经济建设的政策，加大国防投入。随着经济实力的增强和科技水平的快速提升，以及国防投入的持续增加，中国的国防科技水平和军事实力在“冷战”结束以来得到大幅提升。

① 国家统计局：《2013年国民经济和社会发展统计公报》，参见：http://www.stats.gov.cn/tjsj/zxfb/201402/t20140224_514970.html.

② ［英］亚当·斯密：《国民财富的性质和原因的研究》，载于《国富论》（上卷），商务印书馆1997年版，第36、261页。

近年来，美国等西方国家日益强烈地感受到，中国国防军事现代化的发展速度，超过他们的预期。美国 2011 年的《中国军力报告》承认，随着军事投入的持续增长，中国军事现代化取得了巨大进步，开发和部署了一系列新型弹道导弹和远程巡航导弹，海军、空军、防空部队、陆军的装备不断改进和提升，太空和反太空作战能力以及网络作战能力逐步形成。未来 10 年，随着一系列先进武器装备的陆续服役，比如具有国际第四代战机性能的隐形战斗机 J-20、装备有新一代潜射战略导弹“巨浪-2”的晋级核潜艇、“瓦良格”和其他国产航空母舰、“北斗”全球定位系统等，以及根据联合作战和网络战等现代作战理念的整合，中国人民解放军到 2020 年将发展成为一支现代化的地区性军事力量。① 2014 年的《中国军力报告》提及了中国国防军事的最新发展。比如，射程超过 11800 公里的新一代公路机动式固体洲际弹道导弹“东风 31A”和装有分导式多弹头重返大气层（MIRV）的“东风 41”，射程达 1500 公里以上的“东风 21D”反舰弹道导弹，兼具对陆攻击和反舰能力的 095 弹道导弹攻击潜艇（SSGN），装备有兼容远程防空导弹、反舰导弹、对陆攻击巡航导弹和反潜火箭的多用途垂直发射系统（MVLS）的 052D 新一代“中华神盾”驱逐舰，第二种隐形战斗机“歼-31”，“运-20”大型战略运输机。这些新的武器装备，将进一步增强中国的战略核威慑力量、远程兵力投送和远洋作战能力、在周边地区执行反介入和区域阻隔（Anti-access/area-denial，A2/AD）的能力。② 虽然中国的国防实力和技术水平还不能满足中国国家利益全球化的需要，某些方面与世界先进水平也有相当的差距，但随着中国经济科技水平的不断提升，这些差距都将进一步缩小。

强大的国防实力不仅有助于维护国土安全，还有助于维

---

① Office of the Secretary of Defense. *Military and Security Developments Involving the People's Republic of China* 2011, August 24, 2011, p. 1.

② Office of the Secretary of Defense. *Military and Security Developments Involving the People's Republic of China* 2013, April 24, 2014.

护不断扩展的海外利益。随着中国对外开放的发展，维护海外能源资源、海外战略通道、海外公民、机构和企业的安全变得日益迫切。开展海上护航、撤离海外公民、应急救援等海外行动，成为中国人民解放军维护国家利益和履行国际义务的重要方式。在2011年2月的利比亚危机中，中资机构、企业和人员遭遇严重的安全威胁。中国政府组织了新中国成立以来最大规模的撤离海外公民行动，紧急动用飞机和军舰，安全撤出35860人，使海外中国人强烈地感受到强大祖国的力量。

3.3　由边缘到中心

现代世界体系是由西方主导建立起来的。尽管国际法规定，各国主权独立并相互平等，但实际上，各国在世界体系中的地位和权益是不平等的，主要是由其实力所决定的。美国国际政治学者伊曼纽尔·沃勒斯坦根据所处的地位将不同国家分为“中心国家”、“边缘国家”和“半边缘国家”。

毫无疑问，从鸦片战争到新中国成立之前，中国是西方主导的国际体系中的一个边缘、半边缘国家。新中国的成立，奠定了中华民族伟大复兴的政治基础。但在相当长一段时间里，由于整体实力和科技水平落后，加之西方的排斥，中国除了在局部地区外，总体国际影响有限，地位依然比较边缘。在20世纪90年代初苏联和东欧剧变后，很多西方反华人士甚至认为，中国正处于政治经济危机之中，只要稍加压力就会像苏联东欧一样陷入崩溃。一时间，“中国崩溃论”甚嚣尘上，成为西方各大媒体竞相预言的主题。但中国政府不但抵住了西方的压力，还通过进一步的改革开放继续保持了经济的持续高速增长，综合实力和国际影响不断增强，逐渐摆脱了国际孤立和边缘地位。

2008年美国次贷危机的爆发引发了整个西方乃至世界的经济危机，不仅导致严重的经济社会后果，还打破了西方，尤其是美国的经济神话，“华盛顿共识”并非完美无缺，更不是实现经济持续健康发展的唯一道路。与此同时，在协调各国政策以应对空前危机的努力中，包括中国等新兴经济体在内的G20会议，迅速成为国际经济治理的重要机制。在2008年以来的历次G20会议，“中国声音”成为国际社会的共同关注点，“倾听中国”逐渐成为一种习惯。2011年1月举办的达沃斯世界经济论坛，因为中国高层的缺席，而逊色不少。

困窘之下，美国等西方国家纷纷将求救的目光投向中国，希望中国承担起帮助它们快速实现经济复苏的“责任”，甚至出现“中美国”（Chimerica）和“中美两国集团”（G-2）的提法。鉴于中国经济实力的崛起，美国彼得森国际经济研究所所长弗雷德·伯格斯滕（Fred Bergsten）早在2004年就产生了建立某种形式的中美集团（G-2）的想法。随着2005年美中“战略对话”和2006年美中“战略经济对话”的开启，关于“G-2”的讨论逐渐增多。2008年，伯格斯滕在《外交事务》7/8月刊上正式提出应该建立一个由美中两国所组成的“G-2”集团，以应对从双边到全球的各种问题。他认为，由于没能调整国际治理结构以适应成员国之间相对经济力量的巨大变化，美国主导的大多数国际经济组织已经失去了其合法性和有效性。G-8已经过时，而G-20的效率太低。对此，美国应采取一种微妙的但是根本性的方式调整对华经济战略，使其成为一个拥有充分权力的真正伙伴，以对全球经济体系提供一种联合领导。①

2007年2月5日，美国哈佛大学教授尼尔·弗格森（Niall Ferguson）和经济学者莫里茨·舒拉里克（Moritz Schularick）在《华尔街日报》上首次公开提出“中美国”（Chimerica）概念。他们指出，当时全球资本市场的繁荣是由于中美经济高度融合而形成的一个新的经济共同体——“中美国”的出现，并将其视为理解当今世界经济的关键因素。② 2008年11月17日，弗格森教授在《华盛顿邮报》上撰文建议，为了避免金融危机进一步恶化，并使美国尽快走

---

① C. Fred Bergsten. A Partnership of Equals, *Foreign Affairs*, Jul. /Aug. 2008, Vol. 87, Issue 4, pp. 57-69.

② Niall Ferguson, Moritz Schularick. Chimerical? Think Again, *The Wall Street Journal*, 2007-02-05, A17.

出危机，奥巴马总统不要等到次年4月份的G-20会议之后，而应在就职的第二天就召开中美“G-2”会谈，因为现在只有中国才能够提供美国刺激经济复苏所需要的大量资金。这与历史上美国历次危机都去寻求西欧和日本帮助有很大的不同。在此次危机期间，日本还没有摆脱1991年以来的经济紧缩。为了刺激经济增长，日本政府在此期间所积累起来的公共债务占到GDP的200%以上。而欧盟则因为冰岛、希腊、西班牙等国的主权债务危机陷入空前的恐慌。简言之，日本和欧盟不仅缺乏足够的财政资源帮助美国，相反自身还面临财政危机的压力。中国政府手中的巨额外汇储备成为美国、欧盟迫切希望争取的对象。对此，有媒体调侃道：1989年是资本主义拯救了社会主义中国，而2008年，则是社会主义中国拯救资本主义世界。截至2014年8月底，中国持有美国12697亿美元的联邦债券。① 除此之外，中国还购买了大量的地方政府债券、机构债券以及公司债券。据估计所有这些债券和股票可能占到中国外汇储备的3/4，接近3万亿美元。

以佐利克、基辛格和布热津斯基等为代表的美国政界精英纷纷对建立中美“G-2”表示认同。佐利克认为，没有一个强有力的由美中两国所构成的“G-2”集团，G-20将会令人失望。只有通过一种前所未有的双边合作，全球经济才能复苏。基辛格主张，美中两国应建立一种“命运共同体”结构，将两国关系提升到类似二战后大西洋两岸关系的高度。布热津斯基表示，应当召开由美中两国参与的“G-2”峰会。他强调，美中之间的关系必须真正是一种与美欧、美日关系类似的全面的全球伙伴关系，美中高层领导人应进行例行的非正式会见，不仅就美中双边关系，还应就整个世界问题进行一种真正个人之间的深入讨论。克林顿总统时期的财政部副部长罗杰·阿尔特曼（Roger C. Altman）认为，中美两国不仅在经济上，而且在地缘政治上都拥有相似的利益，“没

---

① Department of Treasury /Federal Reserve Board. *Major Foreign Holders of Treasury Security*, October 16, 2014，参见：美国财政部网站资料，http：//www. treasury. gov/ticdata/Publish/mfh. txt.

有什么理由不使中美两国关系成为一个合作和全球稳定的关系”。① 面对空前严重的金融危机，新上任的奥巴马总统多次表示，美中关系是21世纪最重要的双边关系之一，建议将此前两国之间的“战略对话”和“战略经济对话”合并提升为“战略与经济对话”(Strategic and Economic Dialogue)。在2009年7月底首次中美“战略与经济对话”召开前，美国国务卿希拉里和财政部长盖特纳在《华尔街日报》上联合撰文指出加强中美合作的重要性：“很少有哪个全球问题能够由中国或美国单独解决，也很少有哪个全球问题能够在没有中美合作的情况下解决。”②

根据国际货币基金组织的统计数据显示，从1980年到2010年，中国实际GDP的年均增长速度为10%。持续快速的增长使得中国经济规模实现连续赶超。2000年超过意大利居世界第六，2005年超过法国和英国，居世界第四。2007年超过德国居世界第三，2010年超过日本成为世界第二大经济体。③ 从1980年到2013年，中国GDP增长了30多倍，占世界经济的比重由1.8%上升到12.34%。在此期间，中国GDP年均增长速度是美国的3倍左右。按当年人民币兑美元的汇率折算，中国GDP从不到美国的10.8%上升至55%以上。④ 很多机构预计，按照目前的比较速度，如果不

---

① Henry A. Kissinger. The Chance for a New World Order, New York Times, 2009-01-12, 参见：http：//www. nytimes. com/2009/01/12/opinion/ 12iht-edkissinger. 1. 19281915. html? _ r = 1; Zbigniew Brzezinski. The Group of Two That could Change the World, *Financial Times*, 2009-01-13, 参见：http：//www. ft. com/cms/s/0/d99369b8-e178-11dd-afa0-0000779fd2ac. html? nclick _ check = 1; Roger C. Altman. Globalization in Retreat, *Foreign Affairs*, Jul. /Aug. 2009, Vol. 88, Issue 4, p. 7.

② Hillary Clinton, Timothy Geithner. A New U. S. Dialogue with China, *Wall Street Journal*, 2009-07-27, p. A15.

③ 世界银行统计数据. http：//siteresources. worldbank. org/DATASTATISTICS/Resources/table4_1. pdf.

④ 国际货币基金组织统计资料. http：//www. imf. org/external/pubs/ft/weo/2014/02/weodata/weorept. aspx? sy=1980&ey=2019&scsm=1&ssd= 1&sort = country&ds = . &br = 1&c = 924% 2C111&s = NGDP _ RPCH%2CNGDPD&grp=0&a=&pr. x=73&pr. y=10.

出现意外，中国按照汇率计算的经济规模将在未来15年左右赶上美国；如果按照购买力平价计算，中国经济规模将更快超过美国。根据国际货币基金组织2014年10月出版的研究报告，中国在2014年按照购买力平价计算的GDP已超过美国，成为世界第一大经济体。尽管很多学者对国际货币基金组织的计算方法存在很大争议，但不少人认为，如不出意外，中国在经济规模上赶超美国只是一个时间问题。

虽然“中美国”和“中美两国集团”并没有成为美国制定对华政策的主要原则，但仅仅作为一种舆论就程度不同地引起一些伙伴的妒忌和不安。尽管如此，要求中国提供更多支持的动机则是实实在在地存在的。在很大程度上可以说，2008年美国金融危机以及由此而引发的世界金融危机，加速了国际社会对中国崛起的现实感知。但实际上在此之前，中国的国际影响已在悄然上升。归根结底，这是60多年来中国综合实力不断增强和国际影响日益扩大的必然结果。

从近代世界历史来看，大国的崛起，往往首先是经济的崛起，然后外溢到军事、政治和文化等领域，从而形成整体性实力。在此基础上，恰当地运用不断增强的实力获得日益扩大的国际影响力。当其实力和影响力获得国际认可后，就变成了国际权力。

作为一个开放的经济体，中国经济实力的增强已对全球地缘经济结构产生重大影响。战后以来，美国一直是世界绝大多数国家的最大贸易伙伴。直到2006年，全球127个国家的最大贸易伙伴都是美国，70个国家的最大贸易伙伴是中国。但到2011年，中国成为全球124个国家的最大贸易伙伴，而以美国为最大贸易伙伴的国家降至76个。美联储分析数据显示，2011年对77个国家来说，中国是比美国更大的市场，相比十年前增加54个。在2002年，他国与中国的贸易平均占其GDP的3%，与美国的贸易占其GDP的8.7%。2011年，其他国家与中国的贸易占其GDP的平均比重达到12.4%。在世界生产和市场中，中国无疑占有越来越重要的地位。2013年中国货物进出口总额达到4.159万亿美元，占世界贸易总额的比重上升至11.0%，超过美国跃居世界第一位。

没有代表，就没有发言权。只有得到国际社会的承认，实力才能更有效地转化为影响力和权力。继1971年恢复联合国合法席位之后，1980年4月和5月，中国相继恢复了在国际货币基金组织和世界银行的合法席位。2001年，中国加入世界贸易组织（WTO）。60多年来，中国参加了世界上主要的国际组织和数千个非政府组织，参与和签署了300多项国际条约、协定和议定书。与此同时，通过积极参与这些国际组织的活动，认真履行国际义务和承诺，中国获得了越来越多的话语权和影响力。在应对全球和地区性问题方面，从经济动荡、裁军与军控、人权、环境、社会发展和政治安全等各个方面，中国正成为一个日益重要的参与者。在国际货币基金组织新一轮的投票权改革中，将大幅增加中国的份额，这是对中国经济发展成就和实力的承认。

虽然目前中国无论在综合实力上还是在国际权力上还存在很大差距和不足，但有苗不愁长，中国巨大的资源、人口和幅员意味着巨大的潜力。美国彭博社诺厄·史密斯指出，2013年中国人口为13.57亿，美国人口为3.16亿，中美人口数量之比为4.29∶1。若每个工作年龄的中国人一周工作40小时，一年50周，他们只需每小时创造9.15美元，中国经济总量就比美国的大。从购买力平价算，中国已是最大了。如今它还是最大贸易国和制造业国。那些说中国经济称霸并非不可避免的人，要么是纠缠于某个琐碎的技术细节，要么就是忘了中国的巨大体量这一简单却重要的事实。随着经济的持续增长，假以时日，中国的科技水平、文化竞争力和军事实力都将得到进一步提升，并逐渐将这种实力转化为权力和影响力。与这种转变相应的是，中国将进一步向当前世界体系的中心回归。

第二编　和平发展

中国的发展不仅改变了近代以来积贫积弱的命运，更是全球权力重新向东西方平衡回归的一个重要体现。在受到大多数国家欢迎的同时，也引起了一些国家的担忧。

基于历史上很多大国崛起后进行对外侵略扩张的历史记忆，这些国家担忧中国会不会重走国强必霸的老路。对于其中的大多数怀疑者来讲，这只是一种一般性担忧。但对于美国和日本等国来讲，其对中国崛起的反应更为敏感，成为各种“中国威胁论”的推手。

面对国际社会的担忧，中国政府一再重申要坚持走和平发展道路。这是中国对国际社会关注中国发展走向的回应，更是中国人民对实现自身发展目标的自信和自觉。这种自信和自觉，来源于中华文明的深厚渊源，来源于对实现中国发展目标条件的认知，来源于对世界发展大势的把握。

国力和影响力发展到今天，中国已不可能仅靠外交声明来消除外部怀疑，还需要实实在在的行动向世界证明。针对当前世界和平发展存在的问题，中国提出新型安全观和发展观，以互信合作求共同安全，以互利合作求共同发展，并身体力行地为世界的和平与发展作出越来越大的贡献。走和平发展道路是一场打破历史宿命的伟大实践。

第4章　大国崛起的忧思

鉴于中国在人口、土地和经济上的巨大规模，中国崛起对美国带来的挑战将超过历史上任何一个国家。

——美国保守派政论家罗伯特·卡普兰

中国的和平发展道路是人类追求文明进步的一条全新道路，是中国现代化建设的必由之路，是中国政府和中国人民的郑重选择和庄严承诺。

——《中国的和平发展》白皮书（2005）

“冷战”结束后的一段时间里，沉浸在单极喜悦中的很多美国人并没有将中国视为一个有资格的竞争者。相反，很多保守人士认为，中国正处于内部危机和外部孤立中，只要加大压力，中国很快就会步苏联和东欧剧变的后尘。一时间，“中国崩溃论”甚嚣尘上，与此相伴随的是对中国的经济制裁和政治孤立。但中国政府不仅顶住了西方的压力，还在保持国内政治稳定的同时通过深化改革和扩大开放实现了经济的持续高速增长，综合国力稳步提升，国际影响不断扩大。“中国崩溃论”的市场迅速萎缩，代之而起的是对“中国崛起”的担忧。

回顾历史，英国18世纪末开始崛起时只有1000多万人口，到崛起完成时只有3000多万人。美国在19世纪70年代开始崛起时只有4000万人，到崛起完成时是1亿多人。中国开始经济腾飞时是9.63亿人，到实现第一个百年目标时估计超过14亿人。巨大的人口规模和高速的经济增长，使中国崛起带来的影响更大。因此，无论是既有大国，还是一些中小国家，不可避免地会感到担忧。所不同的是，后者是对国强必霸的一般性担忧，而前者则更关注权力转移的方式。

4.1　国强必霸?

由于历史上很多大国的崛起往往伴随着激烈的对外扩张和霸权争夺，未来中国将采取何种对外政策，成为国际社会探讨“中国崛起”时最为关注的问题。虽然大多数发展中国家对中国的崛起无固定偏见，但由于历史和现实等方面的原因，也有一些国家感到疑虑和担忧，甚至还有一些国家存在很大的战略猜忌和抵触。在这复杂的形势下，由美日等国操弄的“中国威胁论”再次成为一个颇具影响的话题。其核心观念就是，随着综合实力的增强，中国将像历史上的一些大国那样逐步走上对外扩张的称霸道路。

近代以来，西方主流社会一直以一种居高临下的优越感看待中国，但对中国的发展潜力也存在一种本能的敏感。从历史来看，西方世界中的“中国威胁论”由来已久，只不过在不同时期表现形态和程度不一样。“冷战”结束之初，“中国威胁论”曾经作为“中国崩溃论”的一种预测结果。当时，一些西方人士认为，由于中国巨大的人口规模、复杂的内外政治环境和在世界经济中日益重要的地位，中国崩溃将对地区和全球秩序产生严重而复杂的挑战。与之相对，“中国威胁论”的另一个来源就是“中国崛起”。一些人认为，鉴于中国巨大的人口规模、领土面积和资源，一旦崛起后，中国将像历史上的所有新兴大国一样走上对外扩张的霸权主义道路，并对西方主导的国际秩序构成挑战。这种逻辑推导下的“中国威胁论”至少可以追溯到19世纪欧洲的“黄祸论”。新中国成立后，“中国威胁论”也曾在西方和一些周边国家被渲染过。但总体来讲，由于当时中国发展落后，综合国力有限，这些“中国威胁论”缺乏蔓延的现实土壤。因此，面对国际社会对“中国崛起”的担忧，中国政府只需要简单地重申中国的和平外交原则就够了。比如，新中国成立后，毛泽东宣布，中国将坚持和平外交政策。在美苏争霸的高峰时期，中国一方面备战备荒，“深挖洞”、“广积粮”，另一方面，坚持“不称霸”。1974年，邓小平代表中国在联合国发言时再次重申，“中国永远不称霸，永不做超级大国”，坚决站在发展中国家一边，反对超级大国的战争政策。从毛泽东、邓小平，到江泽民等历届中国领导人都在不同场合不断重申“永不称霸”的原则立场。

但随着中国经济的持续高速增长，包括经济、科技和军事在内的综合国力不断提升，国际影响不断扩大，中国崛起不再只是一些学者或个别政治人物的逻辑推理或预测，而是越来越多人的现实感受和共识。在这种情况下，仅凭重申和平外交原则已不足以消除关于中国崛起的所有疑虑，必须对历史上的霸权现象和认识进行深入分析，全面理解国际社会对“国强必霸”的担忧。

何为“霸权”？在当今国际政治语境中，“霸权”既指那些拥有超强实力和影响的地区或全球性大国，即霸权国家；也指侵犯他国领土主权和其他合法权益的政策或行为，即霸权主义。后者往往与“帝国主义”、“强权政治”等概念交互使用。总体来讲，“霸权”既包括实力因素，也包含政策行为因素。

对于霸权现象，中西方都曾进行过深入研讨。中国春秋战国时期，曾经出现过“王道”与“霸道”的争论。孟子在《公孙楚上》中对此做了一个经典的区别，“以力假仁者霸，霸必有大国；以德行仁者王，王不待大”。在西方，“霸权”（Hegemony）一词源自古希腊，主要是指在一个由实力大小不同的国家所组成的联盟中的主导性大国家。“霸主”一般不干涉各盟友的内部事务，但在后者受到威胁时提供保护。而实力相对弱小的盟友则要尊重和服从“霸主”的地位和领导，一致对外。在这里，“霸主”并不仅仅是一个自私自利、唯我独尊的角色，还必须提供某种公共产品，比如安全和秩序。在今天的西方国际关系理论中，有一种理论叫“霸权稳定论”。该理论认为，历史上之所以多次呈现“有霸则稳、无霸则乱”的循环，就是因为只有霸权国家才可以提供安全秩序等这些国际公共产品。与之相对，“帝国”则是凭借强大实力对其他国家和民族进行征服，并建立一套排他性的直接控制系统。因此，在西方学术界，“帝国”是一个受到批评的对象，而“霸权”一词不像国际舆论那样带有过多的贬义色彩，甚至带有一定的褒义。比如，美国将“冷战”时期的苏联称为“邪恶帝国”，将苏联解体后普京总统整合独联体的举措视为“恢复帝国的野心”。而为突出美国霸权的道义合理性，一些美国学者将美国的霸权称为“仁慈霸权”。罗伯特·吉尔平由政治经济学中“公共产品”的讨论引申出关于国际军事、安全层面的“霸权稳定论”，认为霸权国家之于全球政治系统，就如同政府之于国内政治系统一样，垄断权力及其分配方式，且独具维持系统稳定的能力，并因此能够承担为政治系统内部的其他单位提供“稳定”（公共产品）的管理者。吉尔平承认霸权体系是由一个单一强国和诸多比它弱小得多的国家组成的，“霸权的成功一部分在于把自己的意愿施加给弱小国家，一部分在于其他国家从中获益并接受霸权国的领导”。①

由此可见，西方学术研究中所探讨的“帝国”与“霸权”与中国古代所探讨的“霸道”与“王道”有着类似的区别。但中国古代的“霸道”与“王道”之争主要建立在传统的农耕经济基础之上，受中国传统思想，尤其是儒家思想的影响，侧重于以德服人，不以实力威压为基础。而西方的“霸权”与“帝国”虽然存在政策和方式上的差异，但都离不开现实主义的实力基础。即使是政策和方式上的差异，也并非是根本性的。正如一些学者在对“霸权稳定论”的批判中所指出的，霸权国家的行为指导并非是利他主义。霸权国家虽然也提供了必要的公共产品，但首先是基于自身利益的需要。而且，其分享也不是完全平等开放的。其最终目的仍然是服务和服从于霸权国家的利益和主导地位的需要。世界体系理论的创立者沃勒斯坦认为，霸权国家意味着“一国能在很大程度上将自己的规则以及自己的愿望（至少是以有效否决权的方式）施加于经济、政治、军事、外交甚至文化领域中去”。②

理论上讲，每个国家对霸权都存在一种矛盾心理：一方面希望自己是比别国强大，最好是比所有国家都强大的霸权

① Robert Gilpin. *War and Change in World Politics*, Cambridge University Press, 1981, p. 144.

② Immanuel Wallerstein. *The Politics of the World Economy: The States, the Movement and the Civilizations*, Combridge University Press, 1984, p. 38.

国家；另一方面，又反对强者的霸权。其中一个重要原因就是资源的有限性和国际社会的无政府状态。

资源是人类生存和发展的基础。虽然科学技术的发展，不断扩展可供开发的资源总量，并加深对资源的利用效率，但在一定的经济技术条件下，任何资源总是有限的。要么表现为储量的有限，比如煤炭、石油、天然气、金属矿产等，这些资源是经过千百万年的地质运动和复杂的物理化学反应所形成的。随着工业革命以来的大量开发，这些资源总有一天会枯竭。要么表现为容量的有限，比如太阳能、风能等。虽然这些资源是可再生的清洁能源，但在一定时间，其人类可利用的这些资源总量是有限的。要么表现为自然再生能力的有限，比如土地。在正常情况下，土地是可再生的资源，年复一年承载了地球上动植物的繁衍。技术的进步可以无限提高土地的产出效率。但无论如何，受自然规律的影响，这些土地单位产出量总是有极限的。比如，一亩地一年永远不可能生产出十万斤小麦！

与传统国家相比，现代国家承担了更多的社会责任，需要不断开发和扩展资源，由此必然加剧国家之间的资源竞争。近代西方的崛起，一个原因就在于对地下资源和非生物能源的开发利用，从而使其经济的发展能够超越生物因素的制约。随着越来越多的国家走向工业化，资源的竞争变得更加激烈。与国内政治不同，国际政治是一种无政府状态，缺乏足够的权威保障资源开发和竞争的秩序，阻止战争以及其他各种违规行为，并通过转移支付补偿那些在既有秩序下的失败者。因此，各国的安全保障和福利水平首先依靠本国的总体实力以及借此而在世界资源分配中所获得的份额。

一方面，资源的有限性和国际社会的无政府状态，决定了国家之间最根本的关系仍然是生存竞争关系。就个别国家和地区来讲，科学技术的进步，市场经济的发展，可以不断提高其财富总量和收入水平。但从全球来看，任何时候都是少数国家控制大多数财富。这有点类似于社会中的“二八现象”，即往往是社会中的少数人拥有大多数的财富，大多数人分享较少的财富。这是竞争的必然结果。但与国内个人或企业的竞争不完全相同，国家之间的竞争是一种高度组织化的集体竞争，取决于各自的整体实力。竞争的结果不仅影响到国家的状况，还影响到国内个人或企业的状况。因为系统的资源总量决定了微观努力可能获取的回报上限。从另一方面来讲，同样智商和勤奋的人在发达国家和发展中国家的回报之所以存在巨大差别，其中一个重要原因就是两类国家在全球资源分配中的份额存在巨大差异。

到目前为止的所有国际体系都不是平等的，而是一种金字塔式的权力和利益分配结构。与传统国际体系不同的是，现代国际体系存在更为复杂的规则体系。这套规则体系构成了一种制度化的利益分配模式。它比纯粹的丛林原则是一个进步，但仍然是以实力对比为基础所形成的，按比例地体现不同国家的地位和利益要求。一个稳定的国际体系，其利益分配与实力对比基本吻合。随着新兴大国的崛起，必然会改变既有的竞争格局。虽然这种改变未必会导致对外扩张的霸权主义道路，但大国对外军事征服和殖民掠夺的历史，还是很容易引起担忧和抵制的。

毫无疑问，对“中国崛起”最感到担忧的是美国和日本。作为当前世界的唯一超级大国，美国对任何潜在竞争对手的崛起都是非常警惕的。无论是过去的苏联、日本，还是今天的中国、欧盟或俄罗斯。在美国地缘政治大师布热津斯基看来，美国的首要战略目标就是要促进和保持地缘政治的多元化，“确保没有任何一个国家或国家联盟获得将美国驱逐出去的能力，即使是削弱美国主导作用的能力也不行”①。这是西方在长期的国际政治斗争中得出的一个信条，即“关键不是意愿，而是能力”。该信条认为，对方的意愿无法证实，也不能将本国的安全福祉建立在对方不可捉摸，甚至随时可能变化的善意上。唯有具备足够的实力优势或抑制对方的实力增长，才是万全之策。对于日本来讲，虽然不存在维护世界霸权的动机，但与中国也存在领土纠纷和战略心理竞争。由于缺乏美国那样的战略优势和地缘条件，对中国的崛起也非常警惕。美日版的“中国威胁”宣称，随着经济科技

① Zibgniew Brezinski. A Geostrategy for Eurasia, *Foreign Affairs*, Vol. 76, Issue 5, 1997, p. 51.

实力的增长，中国将不断扩充军事实力并进行对外领土扩张和政治控制。

除了“中国的军事威胁”外，还有“中国的经济威胁”、“中国的环境威胁”和“中国的粮食威胁”等各种版本。其主要推理是，鉴于中国巨大的人口规模和发展目标，按照目前的发展模式，当中国达到发达国家水平时，将使粮食、资源消耗达到惊人规模，从而不仅将对发达国家，也可能对发展中国家构成空前挑战。如果未来中国人均收入达到 4 万美元，按照未来 15 亿人口计算，中国总体经济规模将达到 60 万亿美元。而 2013 年全球 GDP 不到 75 万亿美元。如果中国经济发展所需要的资源能够通过市场方式获得，至少将加剧全球粮食和资源价格的上涨，从而限制那些处于劣势国家的发展空间；如果不能通过正常的方式获得，中国可能将不得不走上传统大国对外扩张的道路。正是这些“中国威胁论”的共振，使得国际社会对中国崛起的担忧达到空前的程度，并对中国的外部环境和正常的交往产生日益严重的不利影响。

如前所述，关于“霸权”的理解，包括两个方面的因素：一个涉及客观的实力因素，一个涉及主观的政策行为因素。两者往往有着密切的联系，但又不是完全的等同关系。从历史来看，推行霸权主义的国家并不总是比其觊觎的对象国富强，一些实力不占优势的国家也可能推行霸权主义的政策或行为。实力的消长变化是不可避免的客观现象。国际社会对霸权的抵制，更多的是针对其政策和行为。一般来讲，内生性的实力增长和包容性的增长并不会过多地引发与其他国家的矛盾。但离开国际市场和资源的内生性增长，其发展程度是有限的，“闭关锁国”导致“落后挨打”的历史教训一再证明了这一点。而包容性增长需要各方的妥协和共识，是目前国际社会正在追求的模式。与这两种增长模式相对，外生性的增长更可能引发矛盾。即便如此，也应该区别“合乎规则性的增长”和“非规则性的增长”。前者是在既有国际秩序下尊重相关规则的前提下实现的，后者则是试图通过打破既有秩序和规则体系来实现的。作为研究大国崛起和权力转移的著名学者，美国芝加哥大学教授奥根斯基

（A. Organski）认为，大国的崛起并不必然导致战争。他提出将崛起国家分为“满意国家”和“不满意国家”。“满意国家”虽然实力强大，但没有重新分配世界权力的野心，因为其利益要求可以在既有的制度框架下实现，因此不会试图发生战争；“不满意国家”则反之，认为只有打破现有的制度框架才能实现自身诉求，因此很可能导致战争。其发展轨迹就是“经济强大——政治崛起——军事扩张”。

4.2 权力转移必然导致战争？

近代以来，世界大国的崛起往往伴随着激烈的动荡和争战。其中，尤以新兴大国与既有大国之间的矛盾最为激烈。比如，西班牙与葡萄牙的争夺，荷兰对西班牙的挑战，英国取代荷兰，德国对英国的挑战，日本的亚太侵略战争……成为当时世界最主要的战争策源地。罗伯特·吉尔平认为：“由于政治经济发展不平衡，后起的经济强国必然要求与其经济力量相适应的权力，而逐渐衰微的强国会利用旧的制度权力阻止新兴大国的崛起，其结果就是通过‘系统性战争’产生新的国际权力机制。”① 美国芝加哥大学教授奥根斯基通过对大国兴衰历史的研究提出了“权力转移”理论。该理论成为后来讨论大国崛起引致权力争夺的基本理论。他总结道，大国的崛起，经由经济开始逐步扩散到政治和军事领域，从而引发对权力的争夺。② 但奥根斯基承认，权力转移并不必然导致战争。

如果说，国强必霸是国际社会对中国崛起的一般性担忧，那么关于中美如何实现“权力转移”则是美国更为关注的问题。

大国的兴衰变迁是历史的必然规律。针对美国能否保持其霸权地位的问题，美国著名历史学家保罗·肯尼迪早在20世纪80年代就认为，其答案是否定的。“因为从来没有一个社会能永远领先于其他社会，否则，就意味着自古以来存在

---

① ［美］罗伯特·吉尔平著，杨宇光等译：《国际关系政治经济学》，经济科学出版社1989年版，第80～137页。

② 朱峰：《“中国崛起”与“中国威胁”——美国“意象”的由来》，载于《美国研究》2005年第3期，第47页。

的具有差异的各种模式的增长速度、技术进步以及军事发展都凝固冻结，停滞不前了。”① 苏联和东欧剧变后，当许多美国人为美国单极时代的来临而欢呼的时候，布热津斯基就清醒地指出，美国确实是有史以来第一个和唯一的真正全球性超级大国，但同时可能也是最后一个全球性超级大国。虽然美国的全球性主导地位至少在一代人的时间内还不可能被任何一个国家单独取代，但美国全球性主导地位的下降是必然的。

由于历史上许多霸权的衰落往往与某个新兴大国的崛起密切相连，美国常常将对其霸权衰落的每一次担忧投射到对当时某个新兴国家的警惕上来。随着中国经济的持续高速增长和综合国力不断增强，一些美国人逐渐认为，中国的崛起必将导致与美国之间围绕国际体系的规则和领导权的大战。美国著名的保守派评论家罗伯特·卡根（Robert Kagan）认为，中国的“近期目标是取代美国成为远东的主宰，长期目标是在全世界挑战美国的主宰地位”。② 进攻性现实主义的代表人物约翰·米尔斯海默（John J. Mearsheimer）则从每个国家都要追求权力最大化的假设前提出发指出，无论是否具有主观意愿，任何崛起的大国都注定要挑战美国的主导地位。随着中国经济的持续高速增长以及由此必然带来的军事力量的壮大，中美两国进行一场具有潜在战争可能性的、紧张的安全竞争。而基于中国巨大的人口和财富规模，“这种未来的中国威胁最令人头痛的一点是，中国将比 20 世纪美国所面临的任何一个潜在霸权国家都更强大、更危险”③。

与此同时，美国一些政治保守派还认为，随着实力和影响的不断扩大，中国不仅将对美国的“硬实力”构成挑战，还将对其“软实力”构成挑战，比如“北京共识”的出现。

---

① ［美］保罗·肯尼迪著，蒋葆英等译：《大国的兴衰》，中国经济出版社 1989 年版，第 647 页。

② Robert Kagan. What China Knows that We don't，1997-01-20，*The Weekly Standard*，参见：http：//www. carnegieendowment. org/publications/index. cfm？fa = view&id = 266&prog = zch，zgp&proj = zusr.

③ John J. Mearsheimer. The Future of the American Pacifier，*Foreign Affairs*，Sep. /Oct. 2001，Vol. 80，No. 5，p. 57.

虽然目前“北京共识”还不能像“华盛顿共识”那样就一个国家如何实现现代化提供一个具有内在逻辑一致性的理论体系来，但不能排除随着经验积累和理论提炼，“北京共识”将逐步提升为一个不同于“华盛顿共识”的现代化理论体系。届时，“北京共识”即使不会取代“华盛顿共识”，至少将打破其垄断地位，表明了另一种现代化道路和价值取向的可行性。因此，在这些美国人看来，“中国崛起不仅将是对美国实力的公然挑战，还是对美国价值观、对美国关于一个社会如何取得进步的思想以及对美国摇摇欲坠的国际统治地位的打击”。① 遏制中国理所当然就成为他们所推崇的对华战略选择。

总体言之，这些美国人对中国崛起的威胁感知，既来自于对大国权力争夺的历史记忆，也来自于对国际体系结构性矛盾的强调，还来自于对中国价值取向和发展道路的不认可。这种历史经验和现实情感的交织，导致他们对中国崛起存在一种本能的抵触，为“中国威胁论”提供了现实的土壤。正是基于这些认识，美国一直对华采取“接触”与“防范”并存的两面政策。随着中国实力的不断增强，美国也在加强对中国的战略防范，“重返亚洲”成为这一考虑的集中体现。

纵观世界近现代历史，大国之间实力的消长变化是不可避免的现象，但这种变化是否必然导致对权力的争夺战争呢？答案显然是否定的。虽然战争是大国之间权力转移的传统模式，但也不乏通过和平方式实现权力转移的案例。问题的关键不是大国是否会发生权力转移，而是决定权力转移方式的根本因素是什么。

一般而言，历史上新兴大国与既有大国的权力争夺，主要是因为前者的利益要求在后者所主导的国际体系中难以实现，甚至得不到必要的认可。导致这种情况的一个客观原因，就是经济发展与资源约束的严重矛盾。但随着科学技术的不断进步和经济全球化的加速发展，通过战争进行权力转

---

① Morton Abramowitz. Red Dawn，2009-07-09，参见：http：//www. nationalinterest. org/Article. aspx？ id=21788.

移越来越不可接受，和平方式逐渐成为必要和可能的方式。一方面，科学技术的发展及其在军事上的广泛应用，导致战争的成本急剧攀升。特别是核武器的出现，很可能导致核大国之间的相互毁灭。而全球化条件下各国经济相互依赖的不断加深，也造成一种“一荣俱荣、一损俱损”的局面。另一方面，科学技术的发展不断扩大了可供利用的资源种类和范围，逐步缓解了经济发展与资源短缺之间的矛盾。全球化的发展则为所有国家，哪怕是资源最缺乏的国家也提供了发展机会。因此，如果说权力的和平转移在过去还只是一种偶然现象的话，那么在今后则具有越来越强的趋势了。无论是历史现实主义，还是结构现实主义，都没有对这种趋势给予足够重视。

在建构主义常常引以为据的“英美权力和平转移”的案例中，意识形态的相容被视为实现权力和平转移的重要条件，英国与德国、美国与苏联之间的对抗似乎从反面证明了这一结论。由此观之，意识形态差异很大的中美之间很难实现权力的和平转移，除非一方系统接受对方的观念，但这在当前看来是很难的。

从历史的实际进程来看，文化和意识形态的相近固然有助于实现权力的和平转移，但决定权力转移方式的最根本因素仍然是基于对现实利益的考量。不用说文化和意识形态相近的英美之间也发生过两次大规模的战争，就是从 19 世纪末期开始的“和平转移”进程来看，其决定因素仍然是现实利益。对当时的世界霸主——英国而言，面临着两个新兴大国——美国和德国——的挑战。表面上看，美国挑战的是英国的全球霸权，德国挑战的是英国在欧洲大陆的影响力，二者不可同日而语。但英国最终选择以与美国结盟对付德国的地区均势来替代与德国结盟对抗美国的全球均势。这既是地缘政治“远交近攻”规律的体现，也是其经济发展方式使然。英德都依赖于对排他性殖民地的控制。而作为一个后起的殖民大国，美国在 1898 年美西战争之后不再热衷于抢夺殖民地，而更倾向于采取资本输出的新殖民方式，其对英国的威胁相对缓和得多。同时，美国也有借助英国平衡欧陆大国挑战的需要。即便如此，美国对英国的警惕一直延续至第二次世界大战前夕。1929 年，美国策划的“红色基本作战方案”的假想敌就是英国。1932 年，美国在太平洋进行军事演习的假想敌是英日同盟。①

美国普林斯顿大学历史学教授约翰·艾肯伯里（G. John Ikenberry）认为，有很多因素决定权力转移的方式，但最具决定性的因素是国际秩序的性质，它决定了崛起大国是挑战既有秩序还是融入进来。与历史上的所有帝国秩序不同，美国在战后主导建立起来的国际秩序很容易加入，但很难推翻。因为它是建立在非歧视和市场开放的规则体系之上，以联合领导为基础，有一个广泛的和不断扩大的参与者和利益攸关者，不仅可以使包括中国在内的所有新兴大国的经济利益和政治要求能够在体制之内得以实现，而且使推翻它的成本很高——因为那样将面临众多国家的反对。而且，中国领导人也发现，中国不仅需要继续进入该体系以获得繁荣，还需要该体系规则和制度所提供的保护。因此，中国的崛起并不必然导致与美国围绕国际规则和领导权的暴力冲突。②

从实际情况来看，许多学者指出，在可预见的相当长一段时间内，中国还不具备挑战美国的能力。目前，美国 GDP 比中国多 70% 以上，人均 GDP 接近中国的 10 倍，军费预算是中国的 6 倍以上。尽管很多人预计中国 GDP 将赶上美国，但这个预计本身就存在很多变数。资源短缺、环境恶化、人口老龄化和社会政治压力等都会对中国经济的持续高速增长构成制约。从长期看，中国经济的增长速度肯定会下降。即使中国 GDP 赶上美国，中国人均收入仍然远远低于美国，加上日益严重的老龄化，意味着中国必须继续将其绝大部分的财富用于解决内部需求，不可能用于对外征战。与此同时，在当今的时代，要成为一个世界性主导大国，仅有“硬实力”是不够的，还需要文化和制度等方面的“软实力”。约瑟夫·奈认为，中国在这方面根本无法取代美国。“北京共识”还不能为其他国家的发展提供具有内在逻辑一致性的

① ［美］罗伯特·杰维斯著，秦亚青译：《国际政治中的知觉与错误知觉》，世界知识出版社 2003 年版，第 55 页。

② G. John Ikenberry. The Rise of China and the Future of the West, *Foreign Affairs*, Jan. /Feb. 2008, Vol. 87, Issue1, pp. 23-37.

理论指导，一些国家对其认同在一定程度上是由于对美国政策的不满所促成的。尽管美国的“软实力”在布什时期受到了损害，但只要放弃布什的一些单边主义做法就能很快恢复过来。

即使具备了一定的实力，中国也未必会与美国发生冲突，因为促进中美合作的基础在不断扩展。随着经贸往来的迅速扩大，中美两国相互依赖不断加深，形成了一种经济上的“恐怖平衡”（Horrible Balance）抑或“确保相互摧毁”（Mutual Assured Destruction）状态。美国是中国最为重要的贸易伙伴和投资来源地之一，而中国不仅是美国最重要的一个贸易伙伴，还是美国国债的最大购买者。两国经济联系如此之密切，以至于任何一方经济的稳定运行都离不开对方的合作。不要说这两个核大国发生战争的灾难性后果，仅仅中断经贸往来就可能对双方造成难以承受的代价。因此，包括美国前助理国防部长劳伦斯·科伯（Lawrence Korb）在内的很多美国学者认为，中美之间发生直接冲突的可能性微乎其微。

与此同时，美中两国还面临着越来越多的共同挑战，如阻止疾病传播和气候变化、应对世界经济动荡、打击跨国犯罪和国际恐怖主义、防止大规模杀伤性武器及其运载工具的扩散等。这些挑战对包括中美两国在内的所有国家都构成了现实威胁，但又非任何一个国家能够单独应对。加强相互合作，不仅是各自的利益要求，也是国际社会对中美两个大国的期待，能否满足这些期待将在很大程度上决定两国的国际威望和权力合法性。这就使中美之间潜在的结构性矛盾不得不被全球治理所需要的功能性合作所缓和。因此，“中美两国集团”（G-2）的提出者、美国彼得森国际经济研究所所长弗雷德·伯格斯滕（C. Fred Bergsten）指出：“尽管中国（崛起）对美国的主导地位提出了许多挑战，但都不必然导致冲突。两国广泛的共同利益为其全球伙伴关系提供了机会”①。

---

① C. Fred Bergsten，Charles Freeman，Nicholas R. Laroly，Derek J. Mitchell. *China's Rise：Challenges and Opportunities*，Washington DC：Peterson Insititute for International Economics & Center for Strategic and International Studies（CSIS），September 2008，p. 237，p. 239.

在经历了两国关系的多年碰撞和讨论后，越来越多的美国学者和政治领导人认识到，与前苏联不同，中国选择的是对外开放而非革命输出之道。尽管中国崛起对美国的主导地位提出了一些挑战，但只要不主动威胁中国的核心利益，中国崛起本身并不必然导致冲突。如果执意要将中国视为威胁加以遏制的话，很可能导致“预言的自我实现”。为一个潜在的挑战制造一个现实的敌人，显然并不划算，也缺乏必要的国内外支持。反之，如美国著名学者扎卡利·卡拉贝尔（Zachary Karabell）所指出的：“如果选择与中国相互依存，我们就有机会不仅克服目前的种种挑战，保持繁荣，而且还会在以后数十年里获得越来越大的利益……中国的崛起无疑是值得期待的。”① 在2009年11月的首次访华中，奥巴马总统表示，在各方面密切相连的21世纪，权力并不需要成为一场零和游戏，中美注定是对手的想法不应是一成不变的。② 他将中国进一步定位为美国的全球合作伙伴和友好竞争者。

无论是理论推导还是经验证明，权力和平转移的条件是国际体系的利益分配要适应国家间相对权力的分配，或者至少是向着适应国家间相对权力分配变化的方向发展；对于一个相对权力正在上升的国家来说，要使自己的发展能够和平地进行下去，并不仅仅取决于它内在的发展结构以及它对现有国际秩序与既存主导大国的态度和政策，国际社会特别是既存主导大国对于它的认知、态度和政策构成了它发展道路的外在结构性因素，这两个方面缺一不可。中国的崛起和相对权力的增长是一个不可回避的客观事实和趋势，无论从权力还是政策的角度，崛起的中国都不构成对现存国际秩序和既存主导大国——美国的挑战。中国和平崛起及其带来的国际权力转移和平实现的关键在于国际社会特别是美国对中国的认知、态度和政策。

---

① Zachary Karabell. Superfusion：How China and America Became one Economy，and Why the World's Prosperity Depends on It，*Foreign Policy*，2009-12-04，参见：http：//www.foreignpolicy.com/articles/2009/12/04/superfusion.

② 奥巴马总统首次中国之行在上海的演讲，2009-11-16，参见：http：//www.whitehouse.gov/photos-and-video/china-town-hall.

第 5 章　中国的庄严承诺

面对国际社会对中国崛起的日益担忧，中国政府从 2005 年开始多次发表《和平发展》白皮书，一再重申将始终不渝地坚持走和平发展的道路，绝不搞侵略扩张，永不争霸、不称霸。2014 年 3 月 25 日，习近平主席在访问德国时强调，走和平发展道路，是中国对国际社会关注中国发展走向的回应，更是中国人民对实现自身发展目标的自信和自觉。这种自信和自觉，来源于中华文明的深厚渊源，来源于对实现中国发展目标条件的认知，来源于对世界发展大势的把握。

5.1　源远流长的和平传统

在五千年的文明历史中，中国大部分时间是处于世界的领先地位。但中国并未像西方那样因此而走上对外扩张、侵略和殖民的道路。这与中国长期以来形成的和平文化传统有着密切的联系。文化传统之于国家，就如同基因之于个人一样，有着超乎想象的深远影响。任何一个国家的对外政策不可避免地会受到其在长期历史中所形成的传统文化的影响。这种影响不仅体现在对世界的看法上，还体现在思维方法、行为方式和价值追求上。习近平在 2014 年 11 月亚太经济合作组织领导人峰会期间对美国总统的谈话指出，要了解今天的中国，预测明天的中国，就必须了解中国的过去，了解中国的文化。当代中国人的思维、中国政府的治国方略，浸透着中国传统文化的基因。中国坚定不移地走和平发展的道路，是基于中国历史文化传统的必然选择。

中华民族历来就是热爱和平的民族。中华文化是一种和平的文化。渴望和平、追求和谐，始终是中国人民的精神特征。先秦时期的百家争鸣，是中国传统文化发展的一个重要时期，对后世产生深远影响。尽管各家各派特点鲜明，但由于诸侯之间的长期争战及其给各国人民带来的巨大伤害，他们在对和平的追求方面达成了普遍共识。通过对前人思考的系统总结，奠定了中国和平传统的思想基础。

以老子和庄子为代表的道家强调“无为而治”、“不争之德”，认为“兵者不祥之气，非君子之器也，不得已而用之”①，“兵强则灭，木强则折”②，以“小国寡民”为理想状态。在这种状态之中，“虽有甲兵，无所陈之……甘其食，美其服，安其居，乐其俗。邻国相望，鸡犬之声相闻，民至老死，不相往来”。③ 老子的这种理想虽然不符合历史发展的现实，但希望各国之间和平共处的善良动机是毫无疑问的，其方法也别具特色，具有理论上的逻辑说服力。

在墨家的思想里面，“兼爱”“非攻”是其重要主张。为了消除战争，一方面要进行武备。作为墨家奠基人，墨子非常善于发明创造，并将其用于国防。中国成语“墨守成规”就是源自于墨子与木匠祖师爷——鲁班之间进行的一场攻防推演。最后墨子胜利，从而阻止了楚国对宋国的一场战争。另一方面，墨子从人性方面提出“兼爱”主张，希望借此来消除各种冲突的根源。这种“兼爱”“无差等”、“无厚薄”，与孔子所宣传的“泛爱众，而亲仁”有着密切的联系。他说：“若使天下兼相爱，爱人若爱其身……视人之家若其家，谁乱？视人之国若其国，谁攻？……若使天下兼相爱，国与国不相攻，家与家不相乱，盗贼亡有，君臣父子皆能孝慈，若此，则天下治。”④

作为中国传统思想的最重要代表，儒家系统总结了当时和此前的各种经典思想，提出了以“仁爱”为核心、贯穿于个人修养到内政外交的系统价值理念。在处理国际关系问题上，儒家从“四海之内皆兄弟”、“天下一家”的博大胸怀出发，强调以义为本、以德服人、以和为贵、协和万邦、推崇王道的和平思想，反对穷兵黩武，肆意侵略。针对诸侯争霸及其对人民造成痛苦，孔子指出，“春秋无义战”，对战争的厌恶溢于言表。对于周边地区与中原的关系，孔子强调以优越的治理和文化吸引周边，促进自然和平的融合，而不是

---

① 《老子》第三十一章。
② 《老子》第七十六章。
③ 《老子》第八十章。
④ 《墨子·兼爱》。

战争征服，“故远人不服，则修文德以来之。既来之，则安之”，这与近代西方以文明代表自居肆意侵略扩张有根本的区别。孟子在与齐宣王对话时表示，“以大事小以仁，以小事大以智”，充分体现了中国外交思想中的“仁爱”特征，至今仍然具有重要的启发意义。在天下观念的指引下，中国传统外交的目的是“以和万邦，以谐万民，以安宾客”。

即使以擅长打仗而闻名于世的兵家，也非常重视和平。自古知兵非好战，兵家对战争规律的系统总结，是因为它非常清楚国防的重要性和战争的危害。据称中国最早兵书的《司马法》开篇就指出，“国虽大，好战必亡；天下虽安，忘战必危”。作为历代兵家圣典，《孙子兵法》在教导人们如何赢得战争的同时一再提醒要“慎战”。“兵者，国之大事。死生之地，存亡之道，不可不察也。”任何一个国家都必须重视国防建设和对战争规律的研究。面对国际生存竞争的现实，《孙子兵法》倡导，“上兵伐谋，其次伐交，其次伐兵，其下攻城。攻城之法，为不得已……故善用兵者，屈人之兵而非战也；拔人之城而非功也”。讲究的是尽量少用兵，只有在不得已时才使用，“主不可怒而兴师，将不可愠而致战”。一旦用兵，要尽量做到不战而屈人之兵，发动战争是最后的选择。在战争中要尽量减少对对方的伤亡，“全城为上，破城次之；全军为上，破军次之”。这些思想与古代一些游牧民族扩张过程中动辄屠城不同，更与近代西方在殖民扩张过程中搞种族灭绝的大屠杀不同，后者往往以优势火力的高效杀戮为豪。1893 年，派驻南非的英国军队用新开发的马克沁重机枪在一次战争中就打死了 3000 多名当地麦塔比利人。1898 年，派驻北非的英国军队，用马克西姆速射机枪在几小时内打死了 1.1 万名伊斯兰托钵僧。残酷的杀戮不仅没有唤起殖民者丝毫的良知，相反受到英国上下热烈的称颂。基辛格在比较中西战略思想时指出，孙子与西方战略学家的根本区别在于，前者强调心理和政治因素，而不只是谈军事。西方通过打胜仗来检验自己的理论，孙子则通过不战而胜来检验自己的理论。他承认，“即使在今天，《孙子兵法》一书读起来依然没有丝毫过时感，令人颇感孙子思想之深邃。孙子为此跻身世界最杰出的战略思想家行列。甚至可以说，美国在亚洲的几场战争中受挫，一个重要原因就是违背了孙子的规诫”。①

如果说秦朝奠定了中国的基本政治格局，汉朝则进一步完善了中国内政外交的治国范式。其重点是通过文治武备，“内裕民生”、“外服四夷”，从而达到“内圣外王”的目标。两千多年以来，和平传统已深植于中华民族的精神和性格之中，以至于即使处于优势地位也很少肆意进行侵略扩张。纵观历史，很少有哪个大国在其具有实力优势时仍然能够如此坚守和平发展的立场。而中国历史上绝大多数的对外战争也主要是为了抵御外来侵略而不得已进行的自卫战争，取胜后又往往适可而止，体现了“苟能制侵陵，岂在多杀伤”的节制原则。为了实现和平，中国做出了很多创举。比如，从春秋战国时期开始修建，一直延续到明清时期的万里长城，就是中国和平传统的最重要体现。即使是在今天看来备受争议的朝贡体制，也体现了维护地区和平的重要动机。明朝郑和下西洋不仅早于欧洲的远洋航行，其船队的规模、吨位和适航能力也远远超过他们。郑和七下西洋，远涉亚非 30 多个国家和地区，没有侵占别人一寸土地，带去的是文明、友谊与和平。西方学者不得不承认，中国人从不抢劫或屠杀，这一点与葡萄牙人、荷兰人和侵略印度洋的其他欧洲人显然不同。其重要原因是中国的文化传统。对于中国传统而言，尤其对作为其核心的儒家传统而言，战争是可悲的事情，除非不得已，比如外敌入侵和内部叛乱，才考虑军事手段。英国著名的哲学家罗素在 20 世纪 20 年代来中国讲学时深有感触地说，中国是爱好和平的，不像西方那样好勇斗狠。基辛格承认，中国同其他大国相比，是一个自足的帝国，对扩张领土并不热衷。

1963 年，周恩来总理在谈及中国外交思想时指出，“不要将己见强加于人”、“决不开第一枪”、“来而不往，非礼也”、“退避三舍”等都是“来自我们的民族传统，不全是

---

① ［美］亨利·基辛格著，胡利平、林华、杨韵琴、朱敬文译：《论中国》，中信出版社 2012 年版，第 21 页。

马列主义的教育”。① 2005年，温家宝总理在访问印度时说，从孔夫子的“和为贵”、“己所不欲，勿施于人”，到伟大的民主革命先行者孙中山主张“大同世界”，到新中国奉行的独立自主和平外交政策，都体现了这种文化传统。② 2014年6月28日，习近平主席在和平共处五项基本原则发布六十周年纪念大会上表示，中国人民崇尚“己所不欲，勿施于人”。中国不认同“国强必霸论”，中国人的血脉中没有称王称霸、穷兵黩武的基因。③ 在经历了西方殖民侵略的百年痛苦之后，中国深感和平的珍贵和来之不易，将维护地区和世界和平作为对外政策的宗旨与目标。

当然，如果对和平的追求是我们的唯一目标，对战争的恐惧就成为敌人手中最强大的武器，它会造成精神上的解除武装，并使得牺牲失去意义。中国人热爱和平，讲求谦让，但并不是迂腐的非战主义者，更不主张屈辱的和平，而是追求公正的和平。当面临外部威胁时，中华民族往往以民族自卫为大义，敢于与任何强大的侵略者斗争，涌现出无数的英雄人物。在数千年的历史中，中国古圣先贤总结出关于战争的很多规律，留下如何赢得作战的众多经典，但其主要目的在于阻止战争。从说文解字来看，“武”体现了“止戈为武”的辩证思想。在毛泽东思想的战争和平观里，也一直贯穿了这样的思想。比如，“以斗争求团结，则团结存；以团结求团结，则团结亡”，“人不犯我，我不犯人；人若犯我，我必犯人”。与此同时，中国在国际斗争中也讲究“有理、有利、有节”，而不是得理不饶人，更不会仗势欺人。

2014年3月28日，习近平主席在德国的演讲中指出，一个民族最深沉的精神追求，一定要在其薪火相传的民族精

---

① 周恩来：《周恩来外交文选》，中央文献出版社1990年版，第327～328页。

② 马小宁、任彦、陈继辉：《携手并进　共创未来：温家宝在印度新德里理工大学发表演讲》，载于《人民日报》，2005年4月13日。

③ 习近平：“中国人的血脉中没有称王称霸、穷兵黩武的基因”，新华社，2014年6月28日，参见：http：//news.xinhuanet.com/world/2014-06/28/c_126683735.htm.

神中来进行基因测序。有着五千多年历史的中华文明，始终崇尚和平，和平、和睦、和谐的追求深深植根于中华民族的精神世界之中，深深溶化在中国人民的血脉之中。中国自古就提出了“国虽大，好战必亡”的箴言。“以和为贵”、“和而不同”、“化干戈为玉帛”、“国泰民安”、“睦邻友邦”、“天下太平”、“天下大同”等理念世代相传。中国历史上曾经长期是世界上最强大的国家之一，但没有留下殖民和侵略他国的记录。我们坚持走和平发展道路，是对几千年来中华民族热爱和平的文化传统的继承和发扬。①

5.2 社会主义的本质要求

对和平的直接威胁来自战争，而近代以来世界战争的最主要根源来自于资本主义的扩张。基于对 19 世纪后期世界主要矛盾的分析，列宁认为，帝国主义是导致现在战争的根本原因。② 社会主义作为一种全新的社会制度，开创了人类历史的新纪元。社会主义制度的建立，不仅消除了对外侵略的社会根源，而且成为维护世界和平的中流砥柱。

针对 19 世纪西方列强的侵略扩张及其所导致的严重后果，马克思和恩格斯不是简单地提出停战的主张，而是在深入分析了战争的根源之后，提出将消除私有制和剥削作为最终根除战争的办法。他们指出：人对人的剥削一消灭，民族对民族的剥削就会随之消灭。民族内部的阶级对立一消失，民族之间的敌对关系就会随之消失。③ 与此同时，主张要努力做到使私人之间应该遵循的那种简单的道德和正义准则成为各民族之间关系中的至高无上的准则。④ 虽然在马克思和

---

① 新华社柏林 2014 年 3 月 28 日电：“习近平主席在德国科尔伯基金会的演讲”，参见：http：//www. gov. cn/xinwen/2014-03/29/content_2649512. htm.

② 《列宁全集》（第二十一卷），人民出版社 1990 年版，第 324 页。

③ 《马克思恩格斯选集》（第一卷），人民出版社 1995 年版，第 291 页。

④ 《马克思恩格斯选集》（第二卷），人民出版社 1995 年版，第 607 页。

恩格斯所处的时代，社会主义革命还未成功，因此也没有探索社会主义国家对外政策的实践需求，但根据上述观念和主张，社会主义国家肯定是不允许进行对外侵略扩张的。

资本积累是近代以来西方殖民主义者进行对外侵略扩张的主要驱动力，其原始阶段充满了血泪和肮脏的东西。通过对外侵略扩张将国内发展成本和代价外化是西方发达国家现代化进程的一个重要组成部分。那社会主义国家建立后如何进行建设？与马克思当初的预想不同，现实的社会主义国家不是建立在资本主义高度发达的基础上，而是在贫穷落后的国家首先建立起来的。如何不通过对外扩张进行社会主义建设就成为一项史无前例的事业，没有任何成功的经验可以借鉴，没有任何现成的理论可供指导。但社会主义国家通过内部制度创新，在较短的时间里取得了资本主义国家需要很长时间才能完成的工业化目标。比如，苏联通过两个“五年计划”完成了西方需要一百多年才完成的目标，由欧洲一个落后的农业工业国变成欧洲第一、世界第二的工业大国。中国用60多年的时间，完成了西方近两百年才完成的现代化任务。而所有这一切成就没有一个是通过建立一套为资本剥削大众的制度来完成的，更没有一个是通过大规模对外殖民掠夺来实现的，这不能不说是对世界和平的重大贡献。

在关于和平与社会主义制度之间的关系问题上，不能不分析国际共产主义运动中的国际主义问题，以廓清各种错误认识。从19世纪中后期开始，围绕国际共产主义运动出现了各种指责，比如宣传“工人无祖国”，“输出革命”，到后来苏联搞霸权主义，使社会主义国家的和平形象受到严重损害。

由于近代以来全球化的发展主要是在资本扩张的推动下进行的，因此资本在全球化进程中占有主导地位。面对各国无产阶级的反抗，各国资产阶级政府联合起来，共同维护国际垄断资本的统治，并对各国革命实行分而治之。加强各国无产阶级的联合，发扬国际主义精神，对于国际共产主义运动就显得尤为迫切。因此，马克思号召，“全世界无产者联合起来！”由于很多国家同时面临民族矛盾和阶级矛盾，一些资本主义国家的政府指责国际共产主义运动不讲爱国主义，提倡“工人无祖国”。对此，马克思和恩格斯一方面指出，这些资产阶级政府利用爱国主义掩盖其阶级统治和剥削的本质，以此来孤立和阻止国际共产主义运动。另一方面，他们阐述了爱国主义与国际主义的关系，强调指出无产阶级的国际运动，无论如何只有在独立民族的范围内才有可能，工人阶级如果不能在民族范围内团结起来，就不能巩固、成长和形成，国际联合只能存在于国家之间，因而这些国家的存在，它们在内部事务上的自主和独立，也就包括在国际主义者这一概念之中，不恢复民族的独立和统一，那就既不可能有无产阶级的国际联合，也不可能有各民族为达到共同目的而必须实行的和睦的与自觉的合作。①

发扬无产阶级的国际主义精神，既是国际共产主义运动的战略要求，也是其解放全人类的使命使然。在第一个社会主义国家建立之前，它与爱国主义之间的关系不是很紧张。随着社会主义国家的建立，尤其是随着社会主义由一国到多国的胜利，如何平衡爱国主义与国际主义之间的关系，如何处理社会主义国家与其他国家之间的关系，如何处理社会主义国家之间的关系，成为各国共产党面临的一个时代课题。

社会主义国家如何处理对外关系，列宁首先提出了和平共处的思想。十月社会主义革命胜利后，苏联政府率先向参加第一次世界大战的各国呼吁，立即签署“不割地、不赔款”的停战条约，加速了第一次世界大战的结束。面对资本主义世界的包围和国际共产主义运动的现实困难，列宁意识到“共产主义是无法用暴力来移植”②，提出与资本主义国家和平共处，以集中力量进行社会主义建设。在列宁的领导下，苏联宣布放弃过去沙皇俄国与其他国家签署的一切不平等条约，多次致电当时的中国政府就此进行谈判。俄国十月社会主义革命的胜利及其对世界革命运动的支持，不仅为广大殖民地、半殖民地人民的反抗斗争提供了强大的思想武器，还为它们提供了重要的物质支持，大大增强了其革命的

① 《马克思恩格斯选集》（第一卷），人民出版社 1995 年版，第 269 页。

② 《列宁选集》（第三卷），人民出版社 1972 年版，第 781 页。

信心。第二次世界大战后，一系列社会主义国家的建立，以及在苏联和这些社会主义国家的支持下，民族解放运动的蓬勃发展，最终摧毁了持续数百年的西方殖民主义体系。这是 20 世纪人类历史的一个巨大进步，消除了长期以来危及世界和平的一个重要根源。战后，社会主义国家团结世界各国的和平力量，与各种帝国主义做法进行坚决斗争，成为维护世界和平的中流砥柱。

列宁当时提出的和平共处思想，主要适用于不同社会制度的国家之间。随着社会主义由一国到多国的胜利，社会主义国家之间应该如何处理相互关系是一个亟待解决的时代课题。虽然苏联为其他社会主义国家革命和建设提供了很多宝贵支持，但与此同时，由于其大党大国主义对其他社会主义国家也做出了不少错误行为，甚至违背社会主义原则推行霸权主义，不仅导致了社会主义阵营的瓦解，还危及了世界和平。苏联解体的原因有很多，其中一个重要原因就是背离社会主义制度的宗旨和原则，在社会主义阵营内部搞大党大国主义，不尊重其他兄弟党和国家的民族自尊；对外搞霸权主义，与美国进行全球争霸。其结果不仅大大透支了国家的资源和实力，还败坏了社会主义的声望。至今，国际上关于社会主义的很多负面看法，都与苏联的这些做法有着密切的联系。

在以民族主权国家为主要行为主体的国际体系下，任何超越民族国家的价值都必须置于民族利益和国家主权之下。否则，要么缺乏现实基础，要么可能被一些霸权主义者所利用，成为它们对外扩张或干涉他国内政的工具。正是基于对苏联错误做法的反思，中国提出和平共处五项基本原则不仅适用于不同社会制度的国家之间，也适用于相同社会制度的国家之间。邓小平强调，搞霸权主义还是实行和平外交路线，是衡量是否符合社会主义原则的一个根本标志。1979 年 3 月在党的理论工作会上，邓小平指出：打着社会主义旗号实行霸权主义正是取得了政权的马列主义党背叛社会主义原则的最显著标志①。1980 年 5 月同中央负责人员谈话时进

① 《邓小平文选》（第二卷），人民出版社 1993 年版，第 172 页。

一步指出，一个党和由它领导的国家的对外政策，如果是干涉别国内政，侵略、颠覆别的国家，那么，任何党都可以发表意见，进行指责。我们一直反对苏共搞老子党和大国沙文主义那一套。他们在对外关系上奉行的是霸权主义的路线和政策①。苏联搞霸权主义不仅违背社会主义的宗旨和原则，损害社会主义形象，破坏社会主义团结和与其他国家的关系，最终还阻碍本国的发展。1984 年在中央顾问委员会第三次全体会议上的讲话中，邓小平指出：据说苏联是百分之二十的国民生产总值用于国防，为什么它翻不起身来，就是负担太沉重②。为了与美国进行军备竞赛和对外扩张，苏联以不到美国一半的经济总量承担起和美国同等规模的军费支出，结果大大阻碍了经济的发展和人民生活水平的提高。长此以往，不被打垮，也会被拖垮。这是后来导致苏联经济危机激化为政治危机的一个重要诱因。这也正印证了马克思所说的，任何一个民族，当它还在统治其他民族的时候，就不可能是自由的。

目前，中国还处于社会主义初级阶段，谋取经济发展是中国当前和今后相当长一段时期的首要任务。这不仅需要一个稳定的国内环境，也需要一个长期的国际和平环境。因此，邓小平强调，我们搞的是有中国特色的社会主义，是不断发展社会主义生产力的社会主义，是主张和平的社会主义③。搞好中国的事情，解决占世界 1/4 人口的发展问题，本身就是对世界发展的重大贡献。中国的发展也有助于世界和平。江泽民指出，“我们积极的防御战略，从根本上讲，就是由我们的社会主义制度、社会主义国家的性质决定的。我们对外不搞侵略，也不控制别的国家，这与资本主义国家的战略有根本的区别”。④

---

① 《邓小平文选》（第三卷），人民出版社 1993 年版，第 318 ~ 319 页。

② 《邓小平文选》（第三卷），人民出版社 1993 年版，第 88 页。

③ 《邓小平文选》（第三卷），人民出版社 1993 年版，第 328 页。

④ 陈学明：《中国和平发展的社会制度基础——兼论社会主义的本质特征》，载于《复旦学报》（社科版），2005 年第 4 期，第 12 页。

总体来讲，无论是基于马克思主义经典作家所论述的社会主义的价值追求和原则，还是基于苏联背离社会主义原则搞霸权主义的教训，走和平发展道路是社会主义的本质要求。中国共产党继承和发扬了列宁的和平共处思想，提出将和平共处五项基本原则作为处理一切国际关系的基本准则，并率先垂范，为世界和平作出了重要贡献。

5.3　时代发展的要求

2014 年 6 月 28 日，习近平主席在出席和平共处五项基本原则发布六十周年纪念大会上表示，走和平发展道路是中国根据时代发展潮流和自身根本利益做出的战略抉择。

和平与发展是当今时代的两大主题，求和平、促发展、谋合作是不可阻挡的世界潮流。在当今这样一个全球化的时代，任何一个国家都不可能脱离时代潮流而发展。中国革命先行者孙中山先生总结道，世界潮流，浩浩荡荡，顺之者昌，逆之者亡。顺应时代潮流，是实现自身利益的最有效途径。

列宁通过对 19 世纪后期世界主要矛盾的分析，指出当时的时代主题是“帝国主义之间的战争”与“无产阶级革命和殖民地民族革命”（简称“战争”与“革命”）。随后爆发的两次世界大战，以及由此而引发的一系列社会主义国家的建立和殖民地国家的独立，证明了列宁对时代潮流的准确把握。二战结束后，这两个时代主题逐渐淡化。一方面，西方国家通过政策调整，对内实行国家资本主义协调，对外实行国际资本主义协调，大大缓解了资本主义的内在矛盾，避免了因内部危机而引发社会主义革命，以及因相互争夺势力范围而引发新的世界大战的可能性；另一方面，随着民族解放运动的发展，到 20 世纪 70 年代，绝大多数殖民地获得了独立，民族革命已经基本完成了其历史使命。

随着“战争”与“革命”逐渐退出历史舞台，代之而起的是“和平”与“发展”。维护世界和平、促进共同发展，成为当今时代的发展潮流。

20 世纪前半期留给人类最深刻的记忆是战争。第一次世界大战导致了 2100 多万的人员损失，物质损失达到 3300 多亿美元，相当于拿破仑战争到1914年全世界100年战争支出的总和。第二次世界大战导致7000多万的人员损失，物质损失达到4万亿美元，是第一次世界大战的13倍多。① 两次世界大战不仅给人类带来空前的物质损失，而且带来了巨大的精神和心理伤害。如何使后世不再遭受同样的浩劫，维护世界和平，是战后各国的共同需要。德国著名哲学家伊曼纽尔·康德曾经预言，世界和平是必然会到来的。不是由于世界各国人民都有共同的正义感，就是由于威力越来越大的战争周期会教育人们，冲突于事无补，世界和平总会到来的。② 虽然今天很多人将康德归为一个理想主义者，但他并不是一个迂腐的理想主义者，而是一个深谙世界现实的理想主义者。第二次世界大战结束至今，没有爆发新的世界大战，一方面与人类对两次世界大战的反思有关。尤其对经历过世界大战痛苦经历的人们来讲，深知和平的珍贵。另一方面，也与军事技术的空前进步有关。以核武器、生物武器和化学武器为代表的大规模杀伤性武器，与各种远程导弹的结合，使得现代战争的破坏力达到前所未有的程度。一旦新的世界大战爆发，将是一场全人类的浩劫，没有任何一个国家可以幸免于难。在这种情况下，和平成为关乎每个国家生死存亡的重要问题。正如基辛格所意识到的，在一些国家有能力在短短几小时内造成数以千万计的伤亡时，和平变成了道义上的绝对必需了。任何政府都不能逃避这个带有根本性的责任。③

当然，战后半个世纪的和平是一种核威慑下的“恐怖和平”，不是理想的和平。事实上，由于美苏争霸往往采取“代理人战争”的方式进行，结果导致或加剧了很多地区冲突和局部战争，对地区和世界和平构成持续威胁。“冷战”结束后，爆发世界核大战的风险大大下降，以美苏争霸为背

① 李巨廉：《战争与和平历史运动的转折》，载于《史学理论研究》，2005年第3期，第18~19页。

② 转引自［美］亨利·基辛格：《白宫岁月》，世界知识出版社2003年版，第90页。

③ ［美］亨利·基辛格：《白宫岁月》，世界知识出版社2003年版，第90页。

景的大多数地区性冲突和热点问题也相应地得到有效缓解或解决。但由于历史和现实原因，还有不少地区性热点问题并没有完全消除，如中东冲突。与此同时，各种非传统安全挑战不断涌现，对地区和世界和平构成新的挑战。比如，大规模杀伤性武器及其运载工具的扩散、国际恐怖主义、跨国犯罪、疾病传播、经济动荡、气候变化、自然灾害……在经历或目睹了各种地区冲突和战争的痛苦之后，世界更加深切地体会到和平的重要性，维护世界和平依然是一件任重道远的事业。

战后世界的另一个时代发展潮流就是发展成为各国政府面临的共同课题。由于大众教育的普及、政治意识的普遍觉醒和现代传媒的发达，现代各国政府面临越来越大的发展责任，包括满足民众对就业和福利分配的欲望。无论是发达国家，还是发展中国家，能否有效履行这一责任，将在很大程度上决定其政府的合法性。到 20 世纪 70 年代，发达国家已经普遍建立起大众政治参与的制度框架。民众往往通过选票来表示谁在满足其福利要求上做得更好。而很多发展中国家不仅面临国内民众福利分配的要求，还面临着建立民族经济维护政治独立的迫切任务。由于长期殖民统治造成的贫穷落后，以及现有发达国家所带来的激烈竞争，发展中国家面临的发展任务更为艰巨。

与过去相比，和平与发展从来没有像现在这么突出地成为时代发展潮流，也从来没有像现在这么紧密地相互关联起来。没有和平，就很难集中精力发展经济。没有经济的充分均衡发展，就不可能有持久的和平。由于近代以来帝国主义的侵略，中国饱受战争与贫穷的苦难，深知和平的珍贵，渴望过上稳定富裕的生活，因此很自然地成为这一时代潮流的最早认同者和积极推动者。早在 20 世纪 70 年代后期，中国就提出，“和平与发展”取代“战争与革命”成为时代主题。据此，中国实现国家战略重心向经济建设的转移，对内改革，对外开放，由此迎来了中国现代化建设的一个新的时期。

当然，在做出这一判断时并不是没有担忧的，尤其是在战争与和平问题上，因为这不取决于我们的主观愿望，而受到其他大国和国际形势的影响。直至 1983 年，邓小平对世界大战的判断是，“至少十年打不起来”。虽然在今天看来有些悲观，但它一方面反映了我们对待国际形势的谨慎态度；另一方面也反映了中国对和平的渴求和对发展的迫切愿望，哪怕只有十年的时间，也要利用起来集中精力发展经济。2002 年，中共十六大提出，“综观全局，二十一世纪头二十年，对我国来说，是一个必须紧紧抓住并且可以大有作为的重要战略机遇期”。正是这种对和平的珍惜和对发展的迫切愿望，使得中国不仅抓住机遇取得了现代化建设的巨大成就，而且坚持将维护世界和平、促进共同发展作为对外政策的宗旨和目标，并身体力行，率先垂范。

中国曾屡遭帝国主义的侵略，饱受内战灾难，深知和平的珍贵和来之不易，渴望世界持久和平，渴望过上稳定安宁、富裕的生活。改革开放 30 多年来，中国经济社会发展取得了巨大的成就。这一方面归功于新中国成立后 60 多年建设所打下的基础，另一方面也源自于对改革开放 30 多年来时代潮流的准确判断和顺应。但中国综合实力的增强，国际地位和影响的提升，并不意味着可以放弃和平发展道路。

人口多、底子薄、人均资源少，中国发展面临的困难是长期的。目前，中国仍然处于社会主义初级阶段，在经济技术水平和人均收入等方面与发达国家仍然存在很大差距。2013 年，中国人均 GDP 只有 6958.686 美元，排在世界的第 79 位。① 中国还面临城乡、地区发展不平衡，经济社会发展的结构性矛盾突出，资源环境问题日益突出，自主创新能力较弱，社会保障体系不完善等一系列问题。因此，在未来相当长一段时间里，中国仍然是一个发展中国家。要顺利实现两个“百年”目标，即在 2021 年中国共产党成立 100 周年时全面建成小康社会，在 2049 年新中国成立 100 周年时建成富强、民主、文明、和谐的社会主义现代化国家，迫切需要一个长期的和平环境，迫切需要加强与各国之间的交流合

---

① http：//www. imf. org/external/pubs/ft/weo/2014/02/weodata/weorept. aspx？ sy = 2012&ey = 2019&scsm = 1&ssd = 1&sort = country&ds = . &br = 1&c = 924&s = NGDPDPC&grp = 0&a = &pr. x = 55&pr. y = 10.

作，充分利用国内外“两种资源”和“两个市场”，实现共同发展。

即使未来中国更加强大了，也不会改变目前的选择。因为中国已深深地融入全球发展的大潮中。中国的发展离不开世界，世界的发展也离不开中国。中国已经是世界第一大出口国和货物贸易大国，未来还可能成为世界第一大进口国。目前，中国经济的对外依存度超过 50% 以上，未来可能进一步上升。在这种情况下，任何地区的动荡都可能危及中国的海外利益，甚至可能波及国内的稳定发展。“冷战”结束以来，中东、非洲地区冲突和动荡，就对中国在该地的投资造成了很大损失。仅 2011 年利比亚危机，就导致中国在当地投资损失超过 380 多亿美元。

全球相互依赖的深入发展，不仅增加了冲突和战争的成本，也使得各国之间形成了日益密切的命运共同体。目前，世界的和平与发展还面临各种挑战。霸权主义和强权政治依然存在，对地区和世界和平构成威胁。但历史已经证明并将继续证明，那种以武力侵略他国来谋求自己发展的做法早已不符合时代潮流，最终只会害人害己，得不偿失。即使最强大的国家也无力承担长期战争的后果。“冷战”结束以来的一系列战争，使美国付出了巨大的物质成本和道义成本，是导致美国此轮霸权危机的重要原因。这也再次证明了中国古老的警告：国虽大，好战必亡。

当然，和平与发展是当今世界的时代潮流，并不意味着各国之间竞争的消除。事实上，国家之间的竞争将长期存在。但与过去不同的是，大多数竞争是在一系列的国际组织和制度框架下和平有序地进行的。民族国家的普及和相互依赖的加速，使得过去那种依靠战争扩大资源和市场的做法已日益不合时宜，发展经济、创新科技和增强竞争力成为获取资源和市场的更有效手段。

“冷战”结束以来，各种非传统安全挑战大量涌现。比如，大规模杀伤性武器及其运载工具的扩散、国际恐怖主义、跨国犯罪、疾病传播、经济危机、环境污染、气候变化……这些挑战对各国人民的正常生活、经济发展、社会稳定、国家安全、地区和全球和平带来了严峻而复杂的威胁。

与传统安全挑战不同，这些非传统安全挑战对所有国家都构成了威胁。应对非传统安全挑战，除了加强国际合作，没有任何其他更有效的办法。这就意味着各国应该放弃“冷战”思维，树立起新的合作安全观，互利共赢的发展观，才是符合时代潮流的明智选择。

第6章 打破历史宿命的伟大实践

建立殖民地、争夺势力范围和武力扩张，是近代大国崛起的传统模式，它给各国带来了深重的灾难。基于这些历史记忆和对未来不确定性的担忧，国际社会对任何新兴大国的崛起都存在本能的猜忌。要有效地消除这些猜忌，既需要国家政策的明确承诺，更需要其身体力行地遵守这些承诺。自新中国成立以来，中国一直坚持走和平发展道路，逐步赢得国际社会的理解和尊重。中国的和平发展是一场打破“国强必霸”历史宿命的伟大实践。

6.1 以互信合作求共同安全

安全是和平的核心问题，没有安全就没有和平。在西方国际安全研究领域，有一个核心概念叫做“安全困境”。该概念认为，国际社会不同于国内社会，缺乏一个世界政府充当最高权威，来有效地维持国际秩序。每一个国家的安全主要依靠自身努力来维护。在这种情况下，一个国家为预防可能的外来威胁而增加防卫投入的行为，可能被另一个国家视为一种潜在威胁。为应对这种潜在威胁，后者也可能通过增加防卫力量来增强自身的安全感。但由此又抵消了前者因为增加防卫投入而带来的安全感。对此，只有再继续增加防卫投入才能弥补。其结果是，两个国家可能逐渐走上一种螺旋式上升的军备竞赛和认知冲突的轨道。

“安全困境”的根源在于互信的缺失。但信任又是一个最难把握的心理世界。因此，西方现实主义往往更注重实力，而不仅仅是意向或承诺。因为意向和承诺都可能发生变化。如果对方实力弱小，无论其实际意向如何，对自身的挑战都在可控范围之内；但如果对手实力强大，背弃承诺将带来巨大风险。面对新兴大国的崛起，现实主义往往将均势视为和平的根本保证。一般来讲，主要有三种方式：第一种是增强自身实力、确保自身的绝对优势；第二种是通过建立联盟或伙伴网络形成对对手的制衡；第三种是进行先发制人的打击，削弱潜在对手。显然，除非不得已，比如对方的敌意非常明确，且威胁迫在眉睫；或者条件非常有利，比如对方内部因分裂而虚弱、外部孤立，先发制人打击不是首选方案。第一种方式和第二种方式虽然可以在一段时间内起作用，但很容易导致“预言的自我实现”，使原本没有敌意的双方最后走上对抗的道路，或者使矛盾并不尖锐的双方走向不可调和的地步。世界历史上的很多战争，都是由此而引起的。

与西方传统战略思维不同，中国传统战略思维注重的是“讲信修睦”，即希望通过消除误解和敌意来根除战争，通过心心相印的互信实现真正的和睦相处。对西方而言，“好篱笆”造就“好邻居”。但在中国看来，“篱笆”恰恰容易造成相互之间的隔膜。中国人非常注重人际关系的背后反映了中国人对信任的高度重视，希望将难以琢磨且充满不确定性的陌生人之间的关系培养成像亲人那样的互信互助关系，减少外部风险。这一思维与跨国企业的国际投资有相似之处。英国经济学家巴克莱（Buckley）和卡森（Casson）指出，由于外部市场的不完善造成中间产品交易效率低下，跨国公司通过建立海外子公司，将不完全的外部市场的买卖关系变为母公司与子公司之间的内部供求关系，即将外部市场内部化，从而减少贸易壁垒和信息不对称所导致的各种障碍。

历史已经证明，那种靠自身绝对实力或建立联盟维持的外在和平是不可能持久的。随着全球化的深入发展，各国不仅相互依赖不断加深，而且面临越来越多的共同挑战。安全的内涵不断扩展，远远超越了“冷战”期间核恐怖下的安全，也超越了传统意义上的军事安全，同时也超越一国一域的范围。在这种形势下，任何一个国家都难以置身事外而独善其身，也不可能靠单打独斗来实现所谓的绝对安全，唯有以互信合作实现共同安全才能实现普遍而持久的和平。

增进互信是维护安全的必要条件。人无信不立。各国只有相互信任而不是相互猜疑，相互尊重而不是相互对抗，才能超越分歧、化解矛盾、管控危机，才能相互理解、求同化异、和睦相处。世界各国的历史文化、社会制度、发展阶段千差万别，相互之间存在分歧和矛盾难以避免。要不断增进各国战略和政治互信，妥善处理分歧、矛盾和敏感问题，切实尊重他国核心和重大利益，不断扩大战略共识，夯实维护安全的深厚根基。

合作是增进互信实现共同安全的根本途径。“安全困境”中互信的缺失体现了单次博弈中的一个普遍现象，即双方都将“防范最坏结果”作为首要原则。但随着博弈的增加，变成日常性的交互行为之后，各方日益倾向于合作，“利益最大化”逐渐上升为更高原则。通过合作逐步累积战略互信，并由“消极被动合作”逐步向“积极主动合作”方向发展，是实现持久和平的有效途径。

新中国一成立，中国就确立了独立自主的和平外交政策。1974 年，邓小平代表中国政府在联合国大会上发言时庄严宣布，中国现在不称霸，将来发展了也不称霸。2013 年中国国防白皮书宣布，走和平发展道路，是中国坚定不移的国家意志和战略抉择。中国始终不渝奉行独立自主的和平外交政策和防御性国防政策，反对各种形式的霸权主义和强权政治，不干涉别国内政，永远不争霸，永远不称霸，永远不搞军事扩张。中国倡导互信、互利、平等、协作的新安全观，寻求实现综合安全、共同安全、合作安全。2014 年习近平在新成立的中国国家安全委员会第一次会议上表示，既重视自身安全，又重视共同安全，打造命运共同体，推动各方朝着互利互惠、共同安全的目标相向而行。

一直以来，中国以实际行动推动与周边国家建立睦邻互信，促进地区安全合作。中国是世界上邻国最多、陆地边界最长的国家之一。在 2. 2 万多公里陆地边界和 1. 8 万多公里大陆海岸线上，分布有 14 个陆上邻国、8 个海上邻国。相对而言，中国比历史上任何一个大国崛起时所处的地缘政治环境都更为复杂。如何处理好周边分歧，是对中国和平发展诚意和智慧的一个重要检验。对此，中国本着公认的国际法准则及平等协商、互谅互让的精神，妥善解决与邻国的边境问题，化解争端。与此同时，加强边境地区建立信任措施合作，推进海上安全对话与合作，促进稳定。经过与各国的共同努力，截至目前，中国已与 12 个陆地邻国签订了边界条约，解决了历史遗留的边界问题。中国与印度、不丹的边界问题正在朝积极方向发展。国外学者对 1949 年以来中国边境争端的调查中发现，中国在领土方面并不像外界所认为的那样野心勃勃。在 23 起边境争端中，中国以极大的让步化解了其中的 17 起，通常只获得了不到争议领土的 50%。这种愿意让步的态度令许多观察家感到惊讶。① 对于近海岛屿和海洋权益争端，中国建设性地提出“搁置争议、共同开发”的主张，尽最大努力维护南海、东海及周边和平稳定。2002 年，中国与东盟签署了《南海各方行动宣言》，承诺共同维护南海地区的和平与稳定，强调通过友好协商和平解决分歧。在此之前，不采取使局势复杂化和扩大化的行动。《南海各方行动宣言》的签署使中国与东盟相关国家之间的战略互信达到一个新的高度，促进了地区和平与合作。2003 年，中国加入《东南亚友好合作条约》，成为第一个接受 1967 年《东盟宪章》的非东盟国家。这一系列举措为中国与东盟国家的和平友好注入了新活力。近年来东海和南海局势的激化，完全是日本、菲律宾和越南等国违反此前所达成的共识所导致的。尽管如此，中国仍然保持极大克制，一如既往地积极推进双边和地区多边安全对话与合作。在此，除了深化和扩大与美国、俄罗斯、印度、韩国、日本等相关国家的双边政治安全对话外，中国还在“东盟与中国”、“东盟与中日韩”、上海合作组织、亚太经济合作组织、东盟地区论坛、亚洲合作对话和“亚洲相互协作与信任措施会议”等地区安全对话机制中，发挥积极和建设性作用。2014 年 11 月第九届东亚峰会上，中国表示希望尽快与东盟签署《睦邻友好合作条约》，并与更多地区国家探讨达成睦邻友好法律文件，探讨符合地区实际的安全理念和架构，夯实东亚长治久安的制度基础。

中国坚决反对霸权主义和强权政治，反对动辄使用武力或以武力相威胁，主张通过对话和谈判解决分歧和矛盾，为

① ［美］埃里克·安德森著，葛雪蕾、洪漫、李莎译：《中国预言：2020 年及以后的中央王国》，新华出版社 2011 年版，第 38 页。

处理国际和地区一些热点问题起到了积极作用，促进世界共同安全。在朝鲜半岛核问题上，中国坚持不懈地积极斡旋，先后促成并主办朝核问题三方（中国、朝鲜、美国）会谈和六方（中国、朝鲜、美国、韩国、俄罗斯、日本）会谈，推动各方发表共同声明，缓和了半岛紧张局势，为维护东北亚的和平与稳定、防止大规模杀伤性武器的扩散发挥着重要的建设性作用。在中东问题上，中国鼓励有关各方根据联合国有关决议和“土地换和平”原则恢复和谈，重启和平进程。在伊拉克问题上，中国积极倡导在联合国框架内谋求政治解决，并为伊拉克问题的妥善解决做了大量工作。在伊朗核问题上，中国以多种方式劝和促谈，寻求在国际原子能机构框架内妥善和平解决伊朗核问题。目前，伊朗核问题正朝着积极的方向发展，这与中国的参与分不开。

中国积极参与裁军、军控和反扩散的国际合作，为维护全球安全作出了独特贡献。中国一贯反对军备竞赛，主张按照公正、合理、全面、均衡的原则进行有效的裁军，主张全面禁止和彻底销毁核武器、化学武器、生物武器等大规模杀伤性武器，反对这类武器及其运载工具的扩散，并以实际行动率先垂范。中国是世界五个核大国中唯一一个公开承诺不首先使用核武器、不对无核武器国家和无核武器地区使用或威胁使用核武器的国家。中国在 1992 年正式加入《不扩散核武器条约》，1993 年签署了《关于化学武器公约》，1996 年 9 月签署了《全面禁止核试验条约》。早在 20 世纪 80 年代中国就率先裁军 100 万人，20 世纪 90 年代又裁军 50 万人，到 2005 年又完成了裁军 20 万人的任务。中国坚决反对美国违反《反弹道导弹条约》部署国家导弹防御系统和战区导弹防御系统等破坏战略平衡的行为。

中国严格遵守《联合国宪章》的宗旨和原则，积极支持联合国在国际和平与安全中发挥重要作用。通过参与联合国维和行动、国际反恐合作、国际护航和救灾行动，中国为维护世界和平、安全、稳定发挥了重要作用。中国从 1990 年开始参加联合国维和行动。截至 2012 年底，中国共参加 23 项联合国维和行动，累计派出维和军事人员 2.2 万人次。中国参加维和行动的所有官兵均被授予联合国和平勋章，有 3

名军官和 6 名士兵在执行维和任务中牺牲，被授予联合国哈马舍尔德勋章。22 年间，中国维和部队共新建、修复道路 1 万多公里、桥梁 284 座，排除地雷和各类未爆物 9000 多枚，运送物资 100 万吨，运输总里程 1100 多万公里，接诊病人 12 万人次。到目前为止，中国是联合国安理会 5 个常任理事国中派遣维和军事人员最多的国家，是联合国 115 个维和出兵国中派出工兵、运输和医疗等保障分队最多的国家，是缴纳维和摊款最多的发展中国家。①

根据联合国安理会有关决议并经索马里过渡联邦政府同意，中国政府于 2008 年 12 月 26 日派遣海军舰艇编队赴亚丁湾、索马里海域实施护航。截至 2012 年 12 月，中国共派出 13 批 34 艘次舰艇，完成 532 批 4984 艘中外船舶护航任务。其中，4 艘世界粮食计划署船舶、2455 艘外国船舶提供护航，占护航船舶总数的 49%；救助外国船舶 4 艘，接护被海盗释放的外国船舶 4 艘，解救被海盗追击的外国船舶 20 艘。在此期间，中国海军护航编队在联合护航、信息共享、协调联络等方面与多国海军建立了良好的沟通机制。与俄罗斯开展联合护航行动，与韩国、巴基斯坦、美国海军舰艇开展反海盗等联合演习演练，与欧盟协调为世界粮食计划署船舶进行护航。与欧盟、北约、多国海上力量、韩国、日本、新加坡等护航舰艇举行指挥官登舰互访活动，与荷兰开展互派军官驻舰考察活动。积极参与索马里海盗问题联络小组会议以及“信息共享与防止冲突”护航国际会议等国际机制。从 2012 年开始，中、印、日、韩等国为加强相互之间的护航协调形成了统一且间隔有序的护航班期。2014 年 9 月，中国又派出第 18 批赴亚丁湾、索马里海域护航舰队。

加强国际合作应对自然灾害、恐怖主义等非传统安全挑战。2004 年底，印度洋地震海啸灾难发生后，中国政府和人民向受灾国的救灾和重建工作提供了及时、真诚的帮助，开展了新中国成立以来规模最大的对外救援行动。2005 年 10

---

① 中国国务院新闻办公室：《中国国防白皮书：中国武装力量的多样化使用》，新华社北京 2013 年 4 月 16 日电，参见：http://news.xinhuanet.com/politics/2013-04/16/c_115403491.htm.

月南亚发生地震后，中国向灾区人民提供了积极帮助。2011 年 7 月，泰国发生严重洪涝灾害，人民解放军空军出动 4 架飞机将中国国防部援助泰国武装部队的 90 多吨抗洪救灾物资运抵曼谷。2011 年 9 月，巴基斯坦发生特大洪灾，人民解放军空军出动 5 架飞机将 7000 顶救灾帐篷空运至卡拉奇。从 2002 年至 2012 年，中国人民解放军已执行国际紧急人道主义援助任务 36 次，向 27 个遭受自然灾害的国家运送总价值超过 12. 5 亿元人民币的救援物资。① 2009—2011 年，人民解放军医疗队先后赴加蓬和秘鲁举行“和平天使”人道主义医疗救援联合行动，赴印度尼西亚参加东盟地区论坛救灾演练。2012 年 10 月，人民解放军卫勤分队与澳大利亚、新西兰军队举行“合作精神-2012”人道主义救援减灾联合演练，与美国陆军举行人道主义救援减灾联合室内推演。2014 年上半年，非洲再次爆发严重的“埃博拉”疫情，中国人民解放军组建大规模医疗救助队前往非洲救援。2014 年 12 月 4 日，马尔代夫海水淡化工厂失火，导致首都马累 10 万人缺水，全国陷入紧急状态。除了提供紧急现汇援助外，中国立即组织海空力量向马尔代夫提供淡水和净化设备，帮助当地居民渡过难关。

反恐合作方面，中国与印度陆军举行“携手-2007”、“携手-2008”反恐联合训练，与蒙古国陆军举行“维和使命-2009”维和联合训练，与新加坡举行“合作-2009”、“合作-2010”安保联合训练，与罗马尼亚陆军举行“友谊行动-2009”、“友谊行动-2010”山地部队联合训练，与土耳其举行陆军突击分队联合训练。中国陆军特种部队与泰国陆军特种部队举行“突击-2007”、“突击-2008”和“突击-2010”反恐联合训练，与印度尼西亚特种部队举行“利刃-2011”、“利刃-2012”反恐联合训练，与巴基斯坦特种部队举行“友谊-2010”、“友谊-2011”反恐联合训练，与哥伦比亚特种作战部队举行“合作-2012”反恐联合训练。2012 年 11 月，与

① 中国国务院新闻办公室：《中国国防白皮书：中国武装力量的多样化使用》，新华社北京 2013 年 4 月 16 日电，参见：http://news.xinhuanet.com/politics/2013-04/16/c_115403491.htm.

约旦特种部队举行反恐联合训练。其中，中国与上海合作组织成员国在上海合作组织框架内举行联合反恐军事演习日益机制化，到目前为止已共同举行 11 次双边多边联合军事演习，震慑和打击了恐怖主义、分裂主义和极端主义势力，提高了上合组织成员国共同应对新挑战、新威胁的能力。

中国一直奉行积极防御的国防战略。随着中国经济的发展，中国国防建设也在不断推进。由此，也引起了一些国家对中国军力增长的担忧。对此，中国于 1995 年发布了《中国裁军与军控白皮书》，从 1998 年开始每两年发布一次《中国国防白皮书》，全面系统地介绍中国的对外战略、对国际形势的评估、国防政策、国防建设和国际交流合作，有效地缓解和消除国际社会的疑虑，以事实证明中国武装力量是国际安全合作的倡导者、推动者和参与者。

中国对外部感受的重视还可以从“和平发展”取代“和平崛起”的表述变化中得到体现。面对一些国家对“中国崛起”的担心，中央党校副校长郑必坚在 2003 年博鳌亚洲论坛上首次提出中国要实现“和平崛起”。随后，时任国务院总理的温家宝在一系列国际场合多次重申这一概念。但不久，这一提法逐渐被“和平发展”所取代，成为中国政府统一的对外宣称口号。其实，“和平发展”与“和平崛起”所要表达的意义没有什么根本区别。但在一些国家看来，“崛起”（Rising）一词很容易唤起它们对历史上一些大国崛起后对外扩张的敏感记忆，从而加剧对中国崛起的担忧。因此，中国政府将“和平崛起”调整为“和平发展”，作为对国际社会的正式回应。

6.2　以互利合作求共同发展

在对中国崛起的担忧里面，有一种来自于经济方面的考虑。这种观点认为，中国巨大的人口规模一旦走上现代化的道路，即使不进行对外扩张，也会对其他国家带来巨大的竞争压力，甚至对全球资源环境带来挑战。这种担忧随着中国经济的持续高速增长不断增加，为传统“中国威胁论”提供新的理由。

对此，首先必须清楚中国发展与世界发展的关系。中国人口占世界的1/5，中国的发展实际上也是世界发展的重要组成部分。新中国成立60多年来，尤其是改革开放30多年来，中国经济社会发展取得了巨大的成就。中国用世界7.9%的耕地和6.5%的淡水资源养活着世界22%的人口，人均收入达到中等收入国家水平。中国的发展使2.2亿多人摆脱贫困，占同期世界脱贫人口总数的3/4。而按照世界银行一日1美元的购买力平价（PPP）计算的贫困线，中国减少的贫困人口数量则超过6个亿。如果扣除中国改革开放以来减少的贫困人口，世界上的贫困人口实际上不仅没有减少，反而增加了。中国是全球唯一一个按照联合国千年目标提前实现贫困人口减半的国家，目前正积极向全面小康社会迈进。从1981年到2008年，中国贫困率由84%下降至13%。① 2004年5月，世界银行在中国上海召开了有史以来最大规模的世界减贫高峰会议，充分肯定了中国经济发展对世界减贫工作的重大贡献。

通过参与国际经济交往，中国在不断实现自身发展的同时，也在积极促进世界的发展，并成为一支日益重要的推动力量。一直以来，中国坚持互利共赢的对外开放战略，把既符合本国利益、又能促进共同发展，作为处理与各国经贸关系的基本原则，在平等、互利、互惠的基础上发展同世界各国之间的经贸关系。事实证明，中国发展给世界各国带来的不是威胁，而是机遇。

自2001年正式加入世界贸易组织以来，中国严格信守承诺，为开展国际经济技术合作创造更加良好的条件。中国清理并修订了约3000部法律、法规和部门规章，涉外经济法律体系不断完善，贸易政策的透明度不断增强。中国依照承诺逐步降低关税，平均关税水平从15.3%下降至9.8%，并取消了大多数非关税措施。在银行、保险、证券、分销等服务贸易领域加快了开放步伐，在世界贸易组织分类的160多个服务贸易的部门中，中国已经开放了100多个，占62.5%，已接近发达国家水平。中国积极推动新一轮多边贸

① 世界银行数据，参见：http://www.worldbank.org/en/country/china/overview#3.

易谈判，全面参加了各项议题的谈判，在农业、非农产品市场准入、服务贸易等谈判中，开展一系列多双边磋商，为推动发展中成员与发达成员相互沟通、减少分歧，发挥了建设性作用。①

面对全球多边自由贸易谈判停滞不前的困境，中国在坚持参与多边谈判的同时，也在积极推进各种区域经济合作和双边经济合作。中国在上海合作组合、亚太经济合作组织、中非合作论坛、中国—阿拉伯国家合作论坛、亚欧会议、大湄公河次区域合作等活动中，扮演了积极和务实的角色。2003 年，上海合作组织成员国签署《多边经贸合作纲要》，积极推进区域经济合作。目前，上海合作组织进一步推进贸易投资便利化进程已全面启动。在中国的大力支持下，2014 年 11 月亚太经合组织领导人非正式会议同意重启亚太自由贸易区（FTAAP）谈判，这将对未来亚太地区经济一体化和共同市场的形成产生积极影响。截至 2014 年底，中国在建自贸区 20 个，涉及 32 个国家和地区。其中，已签署自贸协定 12 个，涉及 20 个国家和地区，分别是中国与东盟、新加坡、巴基斯坦、新西兰、智利、秘鲁、哥斯达黎加、冰岛和瑞士的自贸协定，内地与香港、澳门的更紧密经贸关系安排（CEPA），以及大陆与台湾的海峡两岸经济合作框架协议（ECFA），目前均已实施；正在谈判的自贸协定 8 个，涉及 23 个国家，分别是中国与韩国、海湾合作委员会（GCC）、澳大利亚、斯里兰卡和挪威的自贸协定，以及中日韩自贸协定、《区域全面经济合作伙伴关系》（RCEP）协定和中国—东盟自贸协定（“10+1”）升级版。中国已完成与印度的区域贸易安排（RTA）联合研究，正与哥伦比亚等开展自贸区联合可行性研究，还加入了《亚太贸易协定》。② 2014 年 11 月底，中国与韩国、中国与澳大利亚相继完成自由贸易协定的实质性谈判。按计划，中韩、中澳自由贸易区将于 2015 年正式启动。在随后参加的东亚峰会上，中国表示，希望在 2015 年前完成区域全面经济合作伙伴关系（RCEP）谈判。

① 《2011 年中国和平发展白皮书》。

② 中国商务部网站，参见：http：//fta. mofcom. gov. cn/.

此外，中国还提出了“一路一带”倡议，主导建立“亚洲基础设施投资银行”（AIIB），促进亚洲的互联互通。这些努力将对亚太地区经济合作和一体化产生积极推动作用。

中国的发展离不开世界，世界的繁荣日益依赖中国，中国正成为世界经济发展中日益重要的推动力量。在 19 世纪的大部分时间里，英国一直是世界经济增长的中心。从 19 世纪末至 20 世纪 50 年代，美国取代英国成为世界经济的领跑者。从 20 世纪 60 年代开始，日本、德国、“亚洲四小龙”和中国相继加入进来，为世界经济增长注入新的活力。进入 21 世纪之后，中国逐渐承担起世界经济增长的火车头。根据世界银行的统计数据，20 世纪 80—90 年代，对全球经济增长有最大贡献的五个国家依次是美国、日本、德国、英国和中国。中国的贡献分别是美国的 13.4% 和 26.7%。而在 2000—2009 年，中国已成为最大贡献国，达到 25% 以上，超过美国 4 个百分点。① 美国学者尼尔·弗格森提出“中美国”的一个理由就是，在 2003—2007 年的五年里，中美两国占到世界经济增长的 60%。② 2008 年世界金融危机爆发后，2009—2010 年全球经济增长率分别为 -2.3% 和 4.1%，而同期中国经济增长率为 9.2% 和 10.4%。中国经济的强劲增长是拉动世界经济复苏的最重要力量，对世界经济的贡献率达到 50% 左右。③

中国在融入世界经济的过程中，为相关经贸伙伴提供了越来越多的发展机会。从 2001 年至 2010 年，中国年均进口近 7500 亿美元商品，相当于为相关国家和地区创造了 1400 多万个就业岗位。在华外商投资企业从中国累计汇出利润 2617 亿美元，年均增长 30%。中国非金融类年度对外直接投资从不足 10 亿美元增加到 590 亿美元，有力促进了有关

---

① 林毅夫：《解读中国经济》，北京大学出版社 2012 年版，第 8 页。

② Niall Ferguson. Not Two Countries, But One: Chimerica, *Telegraph*, 2008-12-16, 参见：http://www.telegraph.co.uk/comment/personal-view/3638174/Not-two-countries-but-one-Chimerica.html.

③ 转引自张维为：《中国震撼——一个“文明型国家”的崛起》，世纪出版社 2011 年版，第 7 页。

国家经济发展。2009 年境外中资企业实现境外纳税 106 亿美元，聘用当地员工 43.9 万人。① 2013 年中国境外企业（含金融类）向投资所在国缴纳的各种税金总额达 370 亿美元，同比增长 67%，2013 年年末境外企业员工总数达 196.7 万人。其中直接雇用外方员工 96.7 万人，占 49.2%；来自发达国家的雇员有 10.2 万人，较上年增加 1.3 万人。② 目前，中国是全球 120 多个国家的最大贸易伙伴，每年进口商品总值超过 2 万亿美元，在世界各地创造了大量的就业与投资机会。③ 在分享“中国发展机遇”的国家中，那些从中国大量进口消费品的国家和向中国出口原料和初级产品的国家是最为直接的受益者。

美国是从中国经济发展中获得巨大实惠的一个突出典型。中国大量廉价消费品大大降低了其生活成本，抑制了通货膨胀以及由此可能导致的严重经济社会问题。苏联解体后，中美合作的传统战略基础消失，意识形态分歧上升。从 1990 年至 1993 年，美国每年都以人权为借口威胁取消对华最惠国待遇。但鉴于由此可能给美国带来的巨大经济成本和风险，美国政府从 1994 年宣布不再将对华最惠国待遇与人权挂钩，从而扫除了中美贸易的一个人为障碍。随着从中国进口的增加，美国消费者在此后十年的时间里节约了 6000 多亿美元，仅 2004 年就节约了近 1000 亿美元。④ 奥巴马总统上台之初指出，过去 30 多年来，美国实际工资水平不但没有随着经济的发展上升，反而有所下降。作为“美国梦”重要载体的中产阶级状况恶化，社会贫困和两极分化都在加

---

① 《2011 年中国和平发展白皮书》。

② 商务部、国家统计局和外汇管理局：《2013 年度中国对外直接投资统计报告》，2014 年 9 月 12 日，参见：http://www.fdi.gov.cn/1800000121_33_4266_0_7.html

③ 傅莹回应中国是否会争夺世界主导权，2014 年 10 月 22 日，观察者网，参见：人民网，http://politics.people.com.cn/n/2014/1022/c1001-25888738.html.

④ 《中国和平发展白皮书 2005》。

剧。所有这一切都是导致目前危机的原因。① 实际上，如果没有与中国的经贸合作，美国面临的危机将更加严重，而且可能更早爆发。在此期间，曾经有一个美国人尝试过一年"不用中国产品"的生活，但没多久就不得不放弃这一计划，因为他发现离开中国产品的日子简直无法想象，整个家庭生活陷入一团糟。

澳大利亚是从中国经济发展中获益最大的另一个典型。澳大利亚人口不多，但地域广阔，资源丰富，尤其是铁矿、煤炭储量丰富。在过去十多年的时间里，澳大利亚通过向中国大量出口矿石原料确保了经济的持续高速增长。澳大利亚总理阿博特在 2014 年 11 月 G20 会议前表示，中国的强大对澳大利亚是件好事。澳中贸易额可以达到 1500 亿澳元（约合 1350 亿美元），而大部分贸易额增长都是在过去十年中实现的，如此快的贸易增长只有在当代中国经济腾飞的背景下才能够实现。所有国家都从中国发展、富强的过程中受益，美国从中受益、日本从中受益。每个国家都非常关注一个强大、和平的中国的持续发展"。② 与澳大利亚同样受益于中国经济增长的还有阿根廷、巴西、智利和非洲等众多资源出口国。

中国是对最不发达国家开放市场程度最大的发展中国家之一。从 2005 年开始，中国不断扩大已建交的最不发达国家的零关税待遇受惠面。2011 年 11 月，中国国家领导人在二十国集团戛纳峰会上宣布，将对同中国建交的最不发达国家 97% 税目的产品给予零关税待遇。到 2012 年底，最不发达国家对华出口享受零关税待遇的税目商品已由 190 个增加到近 5000 个。零关税措施促进了最不发达国家对中国的出口。自 2008 年以来，中国一直是最不发达国家第一大出口

---

① United States Government Printing Office，Washington，2010 *Economic Reports of the President*.

② 环球军事报道："澳总理：中国强大对澳是好事、所有国家都受益"，2014 年 11 月 12 日，参见：人民网，http：//renwu.people.com.cn/big5/n/2014/1112/c357652-26009689.html.

市场，约占其出口总额的1/4。①

在与发展中国家的合作中，非洲一直占据首要地位。2000—2007年，非洲2/3以上的国家和地区的经济增长速度超过5.5%，其中将近1/3的地区达到7%，② 一改此前的长期停滞状况。这种快速增长在很大程度上得益于中国经济的带动。目前，中国是非洲第一大贸易伙伴，非洲是中国第四大海外投资目的地。从2000年到2008年，双边贸易年增长率保持在30%以上，中国对非洲经济增长贡献率达20%以上。在2012年7月第五次中非合作论坛部长会议上，中国宣布将在未来三年向非洲国家提供200亿美元的贷款额度。中国承诺将扩大对非洲的援助和投资，将重点转向非洲的基础设施、农业、制造业和中小企业的发展。中国还承诺将帮助非洲培训人才，并提供1.8万个政府奖学金名额，并向非洲派遣医疗人员。南非总统祖马感谢中国对非洲国家“平等相待”。他说，非洲过去与欧洲的经济交往经验表明，在与其他经济体建立伙伴关系时需要警惕。我们在与中国的关系中特别高兴的是，我们是平等的关系，达成协议是为了双方共同的利益。中国的动机与欧洲的不同。欧洲迄今为止仍想为了自己的利益左右非洲国家。③

中国在不断发展自己的同时，还根据自身能力积极扩大对外援助。通过援建成套项目、提供一般物资、开展技术合作和人力资源开发合作、派遣援外医疗队和志愿者、提供紧急人道主义援助以及减免受援国债务等方式，帮助发展中国家改善民生、增强自主发展能力，促进其经济社会的协调发展。截至2012年底，中国累计对外援助达到3456.4亿元人民币（约合565亿美元），减免59个最不发达国家和重债穷国396笔债务，累计金额达270.2亿元人民币（超过44亿美元）。为发展中国家培训人员17万人次，累计派出2.46

---

① 《中国的对外援助（2014）》中国外交白皮书，参见：http://www.scio.gov.cn/zfbps/wjbps/2014/Document/1375011/1375011_4.htm.

② 林毅夫：《解读中国经济》，北京大学出版社2012年版，第7页。

③ 《中国多管齐下推进中非伙伴关系》，转引自《参考消息》，2012年7月20日第16版。

万名援外医护人员和近 1.7 万名援外教师。① 此外，中国还积极参与国际多边援助机构，通过向联合国开发计划署、工业发展组织、人口基金会、儿童基金会、粮食计划署、粮食及农业组织、教育科学及文化组织等国际机构捐款，支持发展中国家在减贫、粮食安全、贸易发展、危机预防与重建、人口发展、妇幼保健、疾病防控、教育、环境保护等领域的发展。

在现实的国际经济交往中，有福同享容易，有难同当难。面对国际经济危机，中国从不会采取事不关己高高挂起、各人自扫门前雪的消极态度，更不会采取唯利是图、落井下石的恶劣态度，而是坚持中国传统的义利观，在力所能及的范围内“雪中送炭”。1997 年亚洲金融危机爆发期间，美国、日本和国际货币基金组织的最初反应令亚洲国家甚为失望。美国反应迟缓，日本采取竞争性的货币贬值办法，而国际货币基金组织不顾东南亚国家政治和社会承受能力，以实施严厉的紧缩政策为提供援助贷款的条件。在当时，很多危机发生国经济下滑的速度超过 20 世纪 30 年代大危机期间的美国，货币大幅贬值。比如，韩元兑美元由 770 : 1 下降到 1700 : 1，泰铢兑美元由 54 : 1 下降至 2203 : 1，最严重时跌至 11950 : 1。在当时，由于中国与这些国家的发展阶段和出口产品结构比较相似，其货币贬值给中国出口带来很大的压力。但中国不仅顶住压力坚持人民币不贬值，还向泰国、菲律宾和印尼等国提供了 60 多亿美元的援助，并通过刺激经济和扩大内需增加从亚洲的进口。中国这一负责任的做法大大缓解了这些国家面临的压力，加快了其经济的复苏。当时国际经济金融界的很多人士估计，东亚经济至少需要十年的时间才能恢复，但实际上只用了两到三年的时间。对此，中国功不可没，东亚有目共睹。新加坡新闻部长杨荣文（George Yeo）表示：“为了不加剧亚洲的动荡，中国政府绝

---

① 根据《中国的对外援助（2011）》白皮书和《中国的对外援助（2014）》外交白皮书数据计算得出，参见：http://news.xinhuanet.com/politics/2011-04/21/c_121332527.htm；http://news.xinhuanet.com/politics/2014-07/10/c_1111546676.htm.

不让人民币贬值，我们将铭记在心。”中国的做法大大消除了东盟此前对中国经济竞争的担忧，并刺激了加强与中国合作、促进东亚地区经济一体化的共识。东盟地区论坛、东亚峰会、东盟—中国自由贸易区、东盟与中日韩自由贸易区、区域全面经济合作经济伙伴关系（RCEP）等一系列合作倡议相继提出。2008 年金融危机之后，中国在积极参与各国宏观经济政策协调的同时，组织大型采购团赴海外采购，向陷入危机的国家伸出援手。在出口下降的情况下，中国进口持续增加，再次为使世界经济尽早摆脱危机作出了重要贡献。

不可否认，鉴于中国巨大的人口规模，随着经济的持续高速增长，不可避免地会对全球资源环境带来新的压力。对此，中国在加强国际合作的同时，也立足国内，通过发展战略、体制和科技创新，挖掘内部潜力，为解决这些全球性挑战做出自身的努力。中国提出以科学发展观统筹国内发展和对外开放，把发展的基点放在立足本国实际上，努力通过增长方式的转变实现更为均衡和可持续的发展。中国是最早制定并实施《应对气候变化国家方案》的发展中国家，也是近年节能减排力度最大、新能源和可再生能源研发速度最快的国家之一。由于中国加强了环境保护，在火电装机大大增加的情况下，中国的烟尘排放总量基本控制在 1980 年的水平。中国每万元国内生产总值的能耗比不断下降。根据中国节能中长期规划，到 2020 年努力实现累计节能 14 亿吨标准煤。①中国在建核电装机容量、风电并网容量居世界首位，光伏发电增长强劲。根据《中国能源发展战略行动计划（2014—2020)》的规定，中国将坚持“节约、清洁、安全”的战略方针，转变能源发展方式，进一步调整优化能源结构，创新能源体制机制，着力提高能源效率，严格控制能源消费过快增长，着力发展清洁能源，推进能源绿色发展。到 2020 年，非化石能源占一次能源消费比重达到 15%。② 根据中美在 2014 年 11 月 APEC 会议期间达成的碳减排协议，中国承诺

① 《2005 年和平发展白皮书》。

② 《国务院办公厅关于印发〈能源发展战略行动计划（2014—2020)〉的通知》，参见：新华网，http://news.xinhuanet.com/expo/2014-11/20/c_127232810.htm.

将非化石能源占一次能源消费比例从2015年的15%提升到2030年的20%左右，并首次承诺在2030年前实现温室气体排放的减少。此前，中国还专门制定了《国家应对气候变化规划（2014—2020年）》，提出了未来6年应对气候变化工作的指导思想、目标要求、政策导向、重点任务及保障措施，将减缓和适应气候变化要求融入经济社会发展的各方面和全过程，加快构建中国特色的绿色低碳发展模式。① 中国的这些举措将对全球生态环境保护、能源安全和可持续发展作出重大贡献，并创造出新的巨大投资机会和市场。

纵观新中国成立60多年来的发展经历可以看出，中国从来不把问题和矛盾转嫁给别国，更不通过掠夺别国来发展自己，而是靠内部资源、自身力量和改革创新实现发展。与此同时，还一直以一个负责任大国的担当行事，这与西方大国崛起过程中将国内代价和矛盾转移给国外的做法有着根本的不同。2009年2月，时任国家副主席的习近平在访问墨西哥期间，针对一些西方人士渲染“中国威胁论”时反击道：中国一不输出革命，二不输出饥饿和贫困，三不折腾你们，还有什么可以说的？事实证明，中国一直是国际和平与发展的参与者、建设者和贡献者。中国持续快速发展得益于世界和平与发展，同时中国的发展也是世界和平力量的增长，并为世界各国提供了共同发展的宝贵机遇和广阔空间。

① 中国国务院国家发展与改革委员会：《国家应对气候变化规划（2014—2020）》，2014年9月19日，参见：http://www.chinaacc.com/upload/html/2014/11/05/hu7f4ae370d1b146db901d2844ab377bee.pdf.

第三编　和谐世界

走和平发展道路、实现中华民族的伟大复兴，是中华民族近代以来最伟大的梦想。这个梦想与世界各国人民之间的美好梦想是息息相关的。在当今这样一个政治意识普遍觉醒和相互依赖日益加深的全球化时代，协调好与各国之间的关系，是和平崛起的必要条件。

建设持久和平、普遍繁荣的和谐世界，是中国的国际愿景。它秉承了中国传统文化中的和谐理念，体现了相互尊重、和睦相处、求同存异、共同进步的时代需求，有助于协调全球化过程中多元文明之间的相互关系，有助于应对“可持续发展”面临的挑战。因而，也成为中国“软实力”建设的重要资源。

当然，批判的武器不能代替武器的批判。作为和谐世界的首倡者，中国的和平崛起不仅成为构建和谐世界的重要推动力量，而且本身也是对世界1/5人口的重大贡献。面对当前复杂的国际挑战，中国不仅要“谋利”、“谋力”，还有“谋势”。国际力量对比不是一朝一夕就可以改变的，大国的崛起不可能一蹴而就。为此，中国要保持足够的战略定力、战略自信和战略自觉，继续坚持增强国本不动摇，不断扩大国际交往，维护持续发展态势。与此同时，也要向国际社会强调，和平需要各方共同维护。和平发展是中国的庄严承诺，但不是自缚手脚的枷锁，更不是个别国家可以恶意透支的空白支票。这就需要将“韬光养晦”与“有所作为”有机地结合起来，维护中国的核心利益和发展权益。

第 7 章 构建和谐世界的现实价值

中国梦是和平、发展、合作、共赢的梦，我们追求的是中国人民的福祉，也是各国人民共同的福祉。

——习近平

推动建设和谐世界，是我们坚持走和平发展道路的必然要求，也是我们实现和平发展的重要条件。

——胡锦涛

国际社会对一个新兴大国崛起的担忧伴随着其崛起的整个过程。在这一过程中，不仅关注新兴国家现在的行为，还关注其对未来的世界设想。一个具有道德感召力和逻辑说服力的世界设想不仅有助于缓解国际社会的担忧，还有助于增强新兴国家的软实力。面对国际社会对未来中国崛起的疑虑，中国政府从传统理念出发，根据当前世界面临的挑战和时代潮流，将构建持久和平、共同繁荣的和谐世界作为中国对外战略的重要目标，引起了国际社会的广泛关注。

7.1 “和谐世界”是中国和平崛起的“软实力”资源

权力是国际政治的核心话题。在 20 世纪 80 年代末关于霸权衰落的讨论中，美国著名学者约瑟夫·奈（Joseph S. Nye）从文化观念对权力的影响出发指出，除了军事实力和经济实力外，还有一种权力资源，那就是“软实力”(Soft Power)。根据约瑟夫·奈的定义，“软实力”主要是指说服他人予以合作的能力，这种能力源自于一个国家具有吸引力的“文化、价值观、国内实践和被视为具有合法性的外交政策”。① 自此以后，“软实力”逐渐成为国际政治中一个广泛使用的术语，用于分析现代政治权力的运行特点。

其实，“软实力”并非某种全新的政治实践，只是随着时代发展而具有越来越重要的作用。中国古人很早就非常重视“攻心为上”，将消除心理的对抗作为最重要的政治原则，强调让别人“心服”，而不是“压服”。二战结束以来，西方国际政治学者逐渐加强了对“软实力”的研究。

美国国际政治现实主义大师汉斯·摩根索在其鸿篇巨制——《国家间政治——权力斗争与和平》一书中分析帝国主义时比较了军事、经济和文化三种方法的特点。军事征服是最明显、最古老也是最残酷的，但也是赌注最高的。与之相比，经济方法作为摄取权力的现代理性方式，没有那么有效，但也没有大的风险，“是取得和保持对别国控制的一种不引人注目的、间接的但却相当有效的方法”。而文化方法的“目的不是征服领土和控制经济生活，而是征服和控制人们的心灵，以此作为改变两国之间权力关系的手段”。“仅仅基于军事力量之上的控制是不可能持久的……从亚历山大到拿破仑再到希特勒的所有大帝国主义者都失败了。他们虽然在其他方面完成了征服，但却未能征服被征服者的心灵，正是这一失败导致了他们的帝国的崩溃”。② 在汉斯·摩根索看来，如果能够成功，文化方法是最有效的。但从当时的现实来看，文化大多要配合其他方式才能发挥作用。

在20世纪90年代初关于“权力转移”的讨论中，美国学者阿尔温·托夫勒（Alvin Toffler）强调指出，“权力的转移”并非仅仅转移（Transfer）权力，它要转化（Transform）权力。他认为，权力作为一种有目的地支配他人的力量，主要由暴力、财富和知识三种资源构成。暴力是一种低质量的权力（Low-quality Power），缺乏灵活性，只能用于惩罚，并且有很大的风险。相比之下，财富则是远甚于暴力的权力工

① ［美］约瑟夫·S. 奈著，门洪华译：《硬权力与软权力》，北京大学出版社2005年版，第7页。

② ［美］汉斯·摩根索著，肯尼思·汤普森、戴维·克林顿修订，徐昕、郝望、李保平译：《国家间政治——权力斗争与和平》，北京大学出版社2006年版，第96、97、98页。

具。它不仅可以用于威胁或惩罚，还可以提供奖励，因此比暴力灵活得多。财富创造质量中等的权力（Medium-Quality Power）。而高质量的权力（High-Quality Power）则源自知识的运用。高质量的权力不仅仅是指让他人做你想做而他也许不想做的事的能力，还意味着能用最少的权力资源达到目标。知识可用于惩罚、奖励、劝说甚至转化工作。知识可以用来扩充暴力或财富，也可以减少达到某项目的所需要的暴力和财富的数量。能够聪明地将三种权力工具综合使用者，有可能获得最高权力。① 在托夫勒的分析里，这种知识是一种最广泛意义上的知识。不仅仅是力量与实际经验的概况，还包括信息、数据、图像、态度、价值观及其他一些象征符号。

尽管三种权力工具具有明显的效率区别，但其作用的发挥是有历史条件的。在前现代社会，各地区大多以自给自足的自然经济为主，财富积累速度慢，相互之间的依赖不大，加之文化教育、交通、通信落后，财富和知识的作用难以有效发挥，暴力是最主要的权力工具。随着近代市场经济的兴起和全球扩张，越来越多的人和地区被纳入全球经济分工中来，经济逐渐成为日益重要的权力资源。随着二战结束以来科学技术的加速发展、大众传媒的升级换代、教育的日益普及和政治意识的普遍觉醒，知识逐渐成为更为重要的权力资源。在当今信息时代，谁掌握了知识和信息，谁就掌握了支配他人的权力。

沿着对权力运行方式的这种分析，约瑟夫·奈（Joseph S. Nye）总结道：军事实力和经济实力都是典型的“硬权力”，通过利诱（“胡萝卜”）或威胁（“大棒”），迫使他者改变。而一国之所以能够实现其所期望的世界政治目标，还是因为能够吸引其他国家期望其所期望的目标，从而愿意追随它，或认可造成这一结果的情势，而不是强迫它们改变。“确立期望的能力往往与无形的权力资源相关，如有吸引力

① ［美］阿尔温·托夫勒著，刘江、陈方明、张毅君、赵子健等译：《权力的转移》，中共中央党校出版社 1991 年版，第 10、21～23 页。

的文化、政治价值观和政治制度、被视为合法的或有道义威信的政策等”。① 约瑟夫·奈将这种能力称为“合作性实力”（Co-operative Power）或“软实力”（Soft Power）。如果一个国家的“文化与意识形态有吸引力，其他国家将更愿意追随其后。如果该国能够建立与其社会相一致的国际规范，则它无需被迫改变。如果该国支持使得他国按照主导国家的预期采取行动或限制自身行为的制度，它可能无需以高昂代价运用强制性权力或硬权力”。②“使别人或国家同意或接受我方的价值取向和制度安排，以产生我方希望的行为，软实力就成功了”。③ 简言之，“软实力”实际上是一种说服他人进行合作的力量。

战后以来国际政治的发展使无形的“软实力”变得更加重要。一方面，如前所述，现代政治权利意识的普遍觉醒、教育知识的普及、现代传媒的发达和相互依赖的日益加深，使得“硬实力”的运用受到越来越多的限制，代价越来越大。哪怕是被视为有史以来第一个真正意义上的全球霸主，美国也不可能像过去英国控制其殖民地那样控制其他任何一个国家。美国入侵越南和伊拉克、苏联入侵阿富汗的巨大代价一再证明了这一趋势。另一方面，共同挑战的不断涌现和全球化所导致的权力流散，使得各国越来越依赖其他国际行为主体的主动合作。国际恐怖主义、大规模杀伤性武器及其运载工具的扩散、跨国犯罪、经济危机、气候变化、资源枯竭、环境恶化、疾病传播等挑战，大大超出了传统国家安全范畴和传统应对手段。而现代信息网络技术的快速发展、国际行为主体多元化和国际交往渠道的多样化导致权力流散，不断削弱主权国家政府对国际事务的垄断。各种倡议群体和网络不断涌现，对国际政治的议程设置和集体行动产生越来越大的影响。1997 年 12

---

① ［美］约瑟夫·S. 奈著，门洪华译：《硬权力与软权力》，北京大学出版社 2005 年版，第 6 页。

② ［美］约瑟夫·S. 奈著，门洪华译：《硬权力与软权力》，北京大学出版社 2005 年版，第 107 页。

③ Robert O. Keohane，Joseph S. Nye Jr. Power and Interdependence in the Information Age，*Foreign Affairs*，September-October 1998.

月，在几个民间团体的推动下，121 个国家在加拿大签署了《国际反地雷公约》。1999 年 11 月，1500 个非政府组织通过网络协调，抗议并打断了世界贸易组织的西雅图峰会。2001 年“9·11”恐怖袭击对美国造成的伤亡比 1941 年日本偷袭珍珠港还多。美国随后发动的反恐战争轻而易举地推翻了阿富汗的塔利班政权，但这只占基地组织网络的 1/4～1/3。面对基地组织在 50 多个国家盘根错节的网络，仅凭单边军事行动是不够的，还有赖于其他国家在情报分享、资金追踪和执法等方面的长期合作。

在当前这种发展趋势下，现代大国的崛起，与传统大国的崛起相比，越来越依赖于“软实力”。否则，基于历史上新兴大国扩张的记忆和现实的竞争，仅靠物质性力量的崛起反而容易招致其他国家的警惕和联合抵制，从而恶化其外部环境。因此，无论是为了缓解乃至尽可能消除其他国家的猜忌和敌意，还是为了促进其他国家的主动合作以应对各种挑战，都需要“软实力”的陪护。

在软实力的效能机制中，首先是一个国家的政策是否让其他各方感到自己的意见和利益得到尊重。是追求狭隘的自我利益，还是将其他各方的利益纳入进来，是促进合作的关键问题。从长远来看，更重要的是一个国家政策制定背后的文化价值观。因为政策、利益都是因议题而异的，而唯有文化价值才是影响协调相互利益方式的稳定因素，它使得一个的国家政策和行为更具有可预见性。

从更广泛的意义上讲，作为软实力的重要资源，文化价值的意义在于其应对当下挑战的道德感召力和逻辑说服力，从而使其他国家接受其目标追求和方式。就道德感召力而言，就是能够兼顾各方利益和要求，实现共同安全和共同发展，而不只是追求狭隘的自我安全和自我发展；就逻辑说服力而言，就是这种文化价值不仅在理论上而且在实践上能够有效应对当下的共同挑战，满足共同需求。

新中国成立后对殖民地民族解放运动和反帝运动的大力支持，既源自国际主义精神，也源自中国的历史文化传统，它使中国获得了空前的影响力。1971 年联合国恢复中国合法席位，就是在广大发展中国家，尤其是非洲国家的大力支持下实现的。对此，毛泽东形容是“黑人兄弟把我们抬进联合国”。在很大程度上可以说，这也是中国“软实力”的一个成功体现。

随着时代的发展，世界的挑战和需求也在演变。面对21世纪以来国际社会对中国崛起的担忧，如何提出中国的世界愿景成为一个日益迫切的现实课题，也是中国“软实力”建设的重要内容。正是在这种背景下，中国在2005年4月的亚非峰会上首次提出共同构建“和谐世界”的主张。同年7月，“和谐世界”被写进《中俄关于21世纪国际秩序的联合声明》，第一次成为国家间的共识。2005年9月15日，时任中国国家主席胡锦涛在联合国六十周年首脑会议举行的第二次全体会议上，第一次全面阐述了和谐世界的深刻内涵及建设和谐世界的战略倡议。他将“和谐世界”描述为五个方面：政治上相互尊重、平等协商、共同推进国际关系民主化；经济上相互合作、优势互补、共同推动世界经济朝着均衡、普惠共赢方向发展；文化上相互借鉴、求同存异、尊重世界文化的多样性，共同促进人类文明繁荣进步；安全上相互信任，加强合作，坚持用和平方式而不是战争方式解决争端，共同维护世界和平与稳定；环保上相互帮助，协力推进，共同呵护人类共同的家园。2007年10月，中国共产党第十七次全国代表大会创造性地将推动建设和谐世界的战略思想写进了党的政治报告。

“和谐世界”秉承了中国传统文化中的和谐理念，体现了相互尊重、和睦相处、求同存异、共同进步的时代需求。中国文化自古就认为世界应是一个和谐的整体。这个观念深深影响了中华民族的思想和行为，成为中国人处理人与人、国与国以及人与自然关系的价值追求。从时代课题来讲，“和谐世界”的价值有助于协调两种基本关系：第一个就是协调全球一体化进程中不同文明之间的关系，第二个就是协调好人类发展与维护地球生态环境之间的关系。前者攸关世界的持久和平，后者涉及世界的可持续发展和普遍繁荣。

7.2　协调一体化进程中多元文明的相互关系

“冷战”结束后，全球化的加速发展引发了激烈的讨论。

其中一个重要议题就是如何协调全球一体化与多元文明之间的关系。现代科学技术的发展，尤其是交通、通信技术的突飞猛进，以及世界经济的市场化和一体化，使不同地区之间的交流变得更加便捷和频繁。全球一体化的发展，不仅促进了不同文明之间的交流学习，也在一段时期内增加了相互之间发生误解、紧张和冲突的可能性。

1993 年，美国著名政治学家塞缪尔·亨廷顿（Samuel P. Huntington）在《外交》夏季刊发表了《文明的冲突》一文。该文指出，随着“冷战”的结束，意识形态不再重要，人们将根据文化来重新界定自己的认同。由意识形态和超级大国关系界定的联盟正让位于由文化和文明界定的联盟，文明之间的断层线正在变成全球政治冲突的中心地带。今后世界面临的最主要危险是不同文明集团之间的冲突。他将现代世界文明分为 7 ~ 8 种，将东方的儒教文明和伊斯兰文明的联合视为对美国主导的西方文明的严重挑战，并模拟了这种相互毁灭战争的进程。此文一出立即引起世界范围的激烈争论，尤其是引起包括中国和很多第三世界国家学者的批评。根据该杂志统计，仅三年之内所引发的争论就超过此前 40 年所发表的任何一篇文章。“冷战”结束后一系列的冲突，尤其是“9·11”事件的发生以及由此而导致的西方与伊斯兰的紧张似乎证明了亨廷顿的预言，并引发了更多的不安、恐慌、愤怒和困惑。

其实，亨廷顿写作该文的目的是要提供一个新的框架来理解“冷战”后世界政治的运行特点。面对各方的指责，亨廷顿一再重申，其目的不是要激起文明之间的对抗，而是要唤起人们对文明冲突危险的认识，促进文明之间的对话。他认为，未来世界不会出现一个单一的普世文化，而将是不同文化和文明的相互并存。要避免文明间的大战，各核心国家就应避免干涉其他文明的冲突。这是在多文明、多极世界中维持和平的首要条件。但他也意识到，美国是很难接受这一点的。“美国国内的多元主义对美国和西方构成了威胁，在国外推行普世主义对西方和世界构成了威胁。它们都否认西方文化的独特性。全球单一文化的设想者想把世界变得像美国一样。美国国内的多元文化论者则想把美国变得像世界一样。一个多元文化的美国是不可能的，因为非西方的美国便不成其为美国。多元文化的世界则是不可避免的，因为建立全球帝国是不可能的。维护美国和西方需要重建西方认同，维护世界安全则需要接受全球的多元文化性”。“文化的共存需要寻求大多数文明的共同点，而不是促进假设中的某个文明的普遍特征。在多文明的世界里，建设性的道路是弃绝普世主义，接受多样性和寻求共同性”。① 尽管亨廷顿的文明分析模式存在失之于过简的问题，与很多历史和现实不符，甚至可能助长文明之间的冲突。但他的反思和建议对于如何协调全球一体化与多元文明之间的关系，尤其是西方文明和非西方文明之间的关系，具有重要的现实意义。

长期以来，西方凭借军事、经济、政治和科技优势，主导了全球一体化的进程。在对其他国家和地区进行物质掠夺的同时，也极力以强烈的文化优越感和西方中心主义塑造非西方世界，并将其作为整个征服战略的重要组成部分。正如摩根索所总结的，“征服者不会仅仅把经济和文化渗透当做军事征服的准备，也不会把他的帝国仅仅建立在军事力量之上，而主要会建立在被征服者的生计的控制和对他们的心灵的支配之上”。② 对此，后殖民主义批评理论进行过深入剖析。法农（Frantz Fanon）指出，殖民者的语言包含着殖民主义的价值观，它制约了殖民地土著居民对自我的表达，促成了其文化的自卑和自毁情结。由于长期的殖民统治，许多殖民地的传统语言文化遭到了野蛮摧残。而殖民统治者站在自身立场诠释和阐发殖民地国家的历史与文化，并形成一套完善的理论灌输给殖民地人民。殖民地国家的人民在被剥夺了代表自己发言的权利后，被迫接受殖民者关于自己民族文化的扭曲性解释。久而久之，殖民地国家的人民自觉不自觉地习惯了这种解释，以至于在获得独立之后，这种解释也往

---

① ［美］塞缪尔·亨廷顿著，周琪、刘菲、张立平、王圆译：《文明的冲突与世界秩序的重建》，新华出版社 1999 年版，第 366 ~ 369 页。

② ［美］汉斯·摩根索著，肯尼思·汤普森、戴维·克林顿修订，徐昕、郝望、李保平译：《国家间政治——权力斗争与和平》，北京大学出版社 2006 年版，第 99 ~ 100 页。

往以隐性或变性的逻辑延续下来。① 由此导致许多发展中国家在全球话语交锋中经常陷入“无言”或“失语”的困境，使得国际秩序在价值取向和制度安排上更多体现出发达国家的意志，成为他们支配发展中国家的工具。②

“文化由人类对自身环境（自然、社会和超自然）的认识方式和行为方式等方面组成”③。从根本上讲，任何一种文化都是特定时空环境的产物。不同地理环境和历史经历的民族形成各具特色的文化是再自然不过的现象。西方这种文化帝国主义的做法，不仅压制了其他民族的文化发展和自我表达。更为甚者，还试图将自己在独特环境下形成的文化价值普遍化，极力将其强行切入具有不同文明传统的非西方世界，结果必然造成秩序的混乱。

二战以来，西方文化帝国主义的做法受到了越来越大的内外挑战。从内部来讲，非西方裔群体的急剧上升以及文化多元主义的盛行，引起越来越多西方精英对维持其文化特性和主导地位的忧虑。以美国为例，据美国国情调查局预测，到 2050 年，美国欧裔白人将变成少数民族。对此趋势，亨廷顿感到非常担心。他怀疑在一半人口是拉美裔或非白人的情况下美国能否继续维持其特性。如果新移民不能融入迄今为止在美国占主导地位的欧洲文化，如果美国变成一个非西方的国家，那“我们所认识的美国将不复存在。它将步另外一个意识形态超级大国的后尘，进入历史的垃圾堆”。④ 从国际方面来看，随着战后民族解放运动的发展以及越来越多的非西方国家在现代化道路上的成功，其文化自信和自觉也

---

① 段忠桥主编：《当代国外社会思潮》，中国人民大学出版社 2001 年版，第 154 页。

② 阮建平：《话语权与国际秩序的建构》，载于《现代国际关系》，2003 年第 5 期，第 31 页。

③ ［日］宫冈伯人：《世界上九成语言濒临灭绝危机》，载于《读卖新闻》，2003 年 3 月 10 日。

④ Samuel P. Huntingdon. If Not Civilizations, What? Samuel Huntington Responds to His Critics, *Foreign Affairs*, Nov./Dec., No. 5, 1993, 参见：http://www.foreignaffairs.com/articles/49414/samuel-p-huntington/if-not-civilizations-what-samuel-huntington-responds-to-his-crit.

逐渐恢复，西方中心主义和普世主义受到了越来越多的抵制。“冷战”结束后，新加坡总理李光耀和马来西亚总理马哈蒂尔首次提出“亚洲价值”。李光耀指出，美国宣称“人人生而平等”，但其实不然。马哈蒂尔说，“欧洲价值只是欧洲价值”。

人和人之间如果没有区别，就不能把你和我分开；人和人之间如果没有相似之处，就不能把人和动物分开。不同文明之间既有个性，也有共性。他们都需要面对生存和发展的永恒课题。只是由于所处的地理环境和历史际遇不同，从而在价值追求、思维方式和探索阶段上形成不同特点。这就意味着在相互尊重的前提下，文明之间不仅可能进行交流，而且可以通过交流学习共同进步。事实上，今天的任何一个文明，包括西方文明，都是在不断吸收其他文明的过程中演变而来的，而不是从一开始就像现在这样。从世界潮流来看，画地为牢、自我封闭，固不可取；居高临下、以邻为壑，亦非妥当。

如同基因的多样性是确保生物进化的必要前提条件一样，文明的多样性既是人类社会的基本特征，也是确保世界不断进步的重要基础。马克思曾指出：“你们赞美大自然令人赏心悦目的千姿百态和无穷无尽的丰富宝藏，你们并不要求玫瑰花散发出和紫罗兰一样的芳香，但你们为什么却要求世界上最丰富的东西——精神只能有一种存在形式呢？”① 从人类社会的发展进步来看，文化多样性的减少会造成思维和表达的单一化或者枯竭，进而扼杀了对于人类发展进步极具重要意义的多模式探索，导致人类的知识环境及其生命受到威胁。在第三世界国家的推动下，联合国教科文组织通过了马克布莱德的报告（McBride Report）——《一个世界，多种声音》（Many Voices，One World），直指发达国家文化与传播霸权。该报告强调，在全球化时代，各种文化均有权利以其特定的语言界定其本身的体验，问题的关键不是去加剧这种对立或抹平差异，而是要承认这种全球文化多样性的

---

① 《马克思恩格斯全集》（第一卷），人民出版社 1995 年版，第 111 页。

现实，并为他们的对话提供一个理想的平台。①

在这样一个不同文明普遍觉醒并日益自信的时代，如何确保不同文明之间和睦相处，促进相互交流与共同进步，是当前世界所面临的共同课题。中国提出建立“和谐世界”的主张正是恰逢其时，其背后体现了中国悠久的和谐文化传统。早在两千多年前，中国古人就深刻地意识到，“物之不齐，物之情也”（《孟子·滕文公上》），“万物并育而不相害，道并行而不相悖”（《礼记·中庸》），“和实生物，同则不继”（《国语· 郑语》）。由此自然规律而推及人类社会，那就是只有“和而不同”，才能和谐相处。这种相互理解、相互包容和相互尊重的原则，既是人与人之间的相处之道，也是国与国之间的相处之道，由此达至“协和万邦”。梁漱溟在 20 世纪 40 年代比较中西文化特点时指出，“中国总是化异为同，自分而合，末后化合出此伟大局面来。数千年趋势甚明”。②

文明之争不仅涉及文明本身，还攸关一个民族的经济、政治和社会发展等其他各项权利。和谐世界理念继承中国传统优秀文明价值，体现了不同文明共同进步的愿望。面对“冷战”结束以来西方与非西方世界的文明之争，中国政府不断强调要尊重和维护世界文明的多样性，倡导不同文明之间互相尊重、平等对话，在竞争比较中取长补短，在求同存异中共同发展，使人类更加和睦，让世界更加丰富多彩。2014 年 3 月，习近平在联合国教科文组织总部演讲时表示，推动文明交流互鉴，可以丰富人类文明的色彩，让各国人民享受更富内涵的精神生活、开创更有选择的未来。世界是丰富多彩的，世界上的各种文明、不同的社会制度和发展道路只有彼此尊重、交流对话，这个世界才会变得更加和谐美好。

---

① 阮建平：《话语权与国际秩序的建构》，载于《现代国际关系》，2003 年第 5 期，第 37 页。

② 梁漱溟：《中国文化要义》，上海学林出版社 1987 年版，第 295～296 页。

7.3 有助于促进世界的可持续发展

总体来讲，人类社会面临的大多数矛盾可以分为两类：一类是人与人之间的矛盾，一类是人与自然之间的矛盾。人与人之间的矛盾在很大程度上源自于对自然资源、环境和生存空间的竞争，这种竞争反过来又加剧了人与自然的矛盾。因此，协调好人与自然的矛盾，不仅攸关人类的和平，更攸关世界的可持续发展。

战后以来，随着全球人口的快速增长和越来越多的国家走上工业化道路，世界面临日益严重的资源环境问题。在18世纪工业革命之前，这些问题可以通过自然环境的自我调节或人类活动的空间转移得到缓解，因此大多是暂时或局部的。但工业革命之后，人类利用和改造自然的能力大幅提升，在带来空前财富的同时，也导致了这些问题的严重化和全球化，从而威胁到世界的可持续发展。

早在19世纪初，以亚当·斯密和大卫·李嘉图为代表的古典经济学家在探索如何增加财富的同时，就意识到经济增长必然会受到土地等自然资源、资本和劳动力等要素总量的限制。马尔萨斯从经济增长与人口增长的速度差异出发推断出二者之间必然发生的周期性冲突。此后的许多学者也都从系统论的角度出发，认为在地球上的物质存量有限的情况下，其所能支撑的人口数量和所能容纳的污染都是有限的。如不加以节制，就有可能引发大规模的瘟疫和战争。

第二次世界大战结束后，环境污染、生态失衡和资源枯竭等问题加速凸显。1952年12月，英国伦敦由于煤烟污染导致5天内4000多人死亡，两个月后达到8000人。1956年，日本熊本县水俣镇由于化工污染导致大量居民中毒。据日本环境厅1991年报告，仍有2248人中毒，其中1004人死亡。美国洛杉矶市在1955年和1970年两次发生光化学烟雾污染事件，分别导致400人死亡和3/4的市民患病。与此同时，20世纪70年代的“石油危机”加剧了国际社会对世界经济发展前景的担忧，甚至出现“世界末日”的悲观预计。在这种背景下，美国麻省理工学院管理学教授杰伊·W. 弗雷斯特尔（Jay W. Forrester）及其助手丹尼斯·L. 梅多斯

(Dennis L. Meadows) 受罗马俱乐部委托，与 17 位学者一起于 1972 年提交了一份研究报告——《增长的极限》。该报告运用系统动态学方法将世界经济发展模型分为人口、农业、资本和工业生产、不可再生资源和污染等五个子系统，并分别对影响经济增长的人口增长、粮食供应、资本投资（工业化）、环境污染和资源耗竭五种因素进行分析。该报告预计，到 2100 年之前，由于人口增长引起粮食需求的增长，经济增长引起不可再生自然资源的耗竭速度加快和环境污染的加深，最终将导致人口与工业生产突然不可控的衰退。① 《增长的极限》引发了全球对资源枯竭和环境污染的关注。

此外，还有学者从社会心理行为的角度探讨了增长的极限问题。美国学者弗雷德·希尔斯（Fred Hirsch）在其 1976 年出版的《增长的社会限制》一书中指出，梅多斯等人主要是从供给方面探讨增长的有限问题，而忽视了需求方面的责任。在衣食住行等基本生活需要的物质商品得到满足后，人们会日益追求显示其社会地位的地位商品。后者给予消费者的满足或快乐来自于它的社会稀缺性，即只有在它们不被普遍使用时才能给予人们享用的效用。当这些商品的使用越来越广泛时，其效用就会下降。② 其结果就是驱使人们不断追逐一个又一个的稀缺性地位产品，由此不断加剧人与自然的矛盾，危及世界经济的可持续发展。因此，越来越多的人对市场主导下的消费主义盛行提出批评，因为后者导致日益严重的过度消费、虚假消费和各种奢侈消费等问题。

40 多年来，由于科学技术的不断发展以及很多国家的主动调整，关于“世界末日”的种种悲观预测没有变成现实。但我们应该看到，全球资源枯竭和环境恶化等问题并没有解决，反而在加速发展。比如，全球矿产资源如果按照目前的开采规模和增长速度，那除了煤铁等少数几种资源外，其中绝大部分都不足以满足人类未来 100 年的需要。在各种环境

---

① 庄启善主编：《世界经济新论》，复旦大学出版社 2001 年版，第 61 ~ 64 页。

② 庄启善主编：《世界经济新论》，复旦大学出版社 2001 年版，第 65 页。

生态问题中，气候变暖成为一个全球性的首要挑战。据美国政府2014年公布的最新报告显示，自18世纪工业革命以来，由于燃烧煤、石油、天然气，砍伐森林，导致地球上二氧化碳的浓度增加了40%。自1895年以来，美国平均气温上升了华氏1.3℃～1.9℃，其中大部分是在20世纪70年代之后发生的。在未来20年，美国大部分地区气温将上升华氏2℃～4℃。① 全球气候变暖将导致严重的生态、环境、健康、经济、社会和政治后果。总体来看，目前全球正处于有史以来自然资源和生态环境遭受破坏最为严重的时期。如果不能通过全球协调有效加以解决，人类迟早会面临严重的生存危机。

从20世纪六七十年代开始，“可持续发展”理念逐步得到越来越广泛的认可。20世纪80年代初，联合国高级专家委员会针对当时的热点问题提出必须实施“可持续发展”战略。1992年在巴西里约热内卢召开的世界环境发展大会就“可持续发展”解释道：“应以与自然相和谐方式，在根除贫困的条件下，使人人享有健康并富有生活的权利，把环境保护工作作为发展进程的整体组成部分，满足当代与后代在发展与环境方面的需要”。② 1994年在埃及开罗召开的世界人口与发展大会号召各国，“要充分认识和妥善处理人口、资源环境与发展之间的相互关系，并使它们协调一致，求得动态平衡”，“各国应当减少和消除无法持续的生产和消费方式，并推行适当的政策，以便满足当代的需要又不影响后代满足其需要的能力”。③ 为此，必须确保“代际公平”和“代内公平”，并平衡好两者之间的关系。“代际公平”是指确保当代人和后代人都有同等的发展机会，包括足够的自然资源和适宜的生态环境等。为此，必须加强环境保护、节约资源和提高资源利用效率等；“代内公平”是指确保现有一

---

① U. S. Global Change Research Program. *Climate Change Impacts in the United States*, U. S. Government Printing Office, 2014, p. 7, p. 8.

② 穆月英：《世界未来纵横说》，山西经济出版社1996年版，第266页。

③ 庄启善主编：《世界经济新论》，复旦大学出版社2001年版，第80页。

代人都能获得同等的发展机会。每个国家、每个地区的每个人都有同等的实现美好生活的权利。为此，必须平衡发达国家与发展中国家、富裕地区与贫困地区在经济发展、资源利用和环境保护等方面的责任和权利，加强协作。

时代的发展使人类必须改变工业革命以来对待自然的态度，不能继续简单地以“万物的中心”自居，而必须将人看做自然界的一部分，需要与其他各部分和谐相处。中国提出的“和谐世界”就包含了实现人与自然和谐的维度，与中国传统文化所崇尚的自然和谐理念一脉相承。

长期以来，中国的先哲们不仅善于从自然现象中总结人生哲理，而且注重按照自然规律办事。在为人、为家、为政的探索中提出了协调发展与生态环境保护的系统思想和理念，对于我们今天的可持续发展仍然具有重要的启发意义。中国古人对可持续发展的探索至少可以追溯至西周。据传由周公旦所著的《周礼》中，就包含了要求社会生产要遵循自然规律，保护鸟兽生长繁衍，不得过度消耗自然的内容。比如对于林木砍伐，规定夏冬两季是砍伐季节，并且必须按照不同季节选择不同木材，即“仲冬斩阳木，仲夏斩阴木”①；对于川泽渔猎、山地田猎，也设定进入的时节，并且不允许捕捉幼兽、猎取鸟卵，也不允许使用有毒的箭捕猎，以免妨碍自然的循环。在中国诸子百家里，道家尤其强调“天人合一”、“道法自然”，主张“无为而治”，与今天的环保主义思想有很多相通之处。作为中国传统思想主流，儒家也很尊重自然。作为儒家奠基人，孔子继承了《周礼》的思想，强调对自然的尊崇和敬畏，主张要有序有节地获取自然资源，“食无求饱，居无求安”②，“钓而不纲、戈不射宿”③。孟子继承了孔子的俭德理念，提出“仁民而爱物”的思想，认为“君子之于物也，爱之而弗仁；于民也，仁之而弗亲。亲之而仁民，仁民而爱物”④。为此，提出了一套在尊重和保护

---

① 《周礼》，转引自李涛：《先秦可持续发展思想研究》，山西财经大学 2013 届经济思想史硕士学位论文。

② 《论语 · 学而》。

③ 《论语 · 述而》。

④ 《孟子 · 尽心上》。

自然中谋取生存和发展的政策主张，“不违农时，谷不可胜食也；数罟不入洿池，鱼鳖不可胜食也；斧斤以时入山林，材木不可胜用也。谷与鱼鳖不可胜食，材木不可胜用，是使民养生丧死无憾也。养生丧死无憾，王道之始也”。① 作为对中国历代治理经验教训进行总结的鸿篇巨制，《资治通鉴》告诫世人及后来者，“地力之生物有大数，人力之成物有大限，取之有度，用之有节，则常足；取之无度，用之不节，则常不足”。②

由此可以看出，中国古人不仅强调要避免对自然资源的不当和过度开发，而且注重从需求方面加以节制，以更好地实现人与自然的和谐相处，在尊重和保护自然中谋取生存和发展。虽然时代的发展，使得其中很多具体做法已经失去其现实意义，但其背后的思维对于我们今天的可持续发展仍然具有重要启示。

新中国成立 60 多年来，尤其是改革开放 30 多年来，中国经济社会发展取得了巨大进步。中国用半个世纪的时间完成了西方两个多世纪走完的工业化道路，欧洲有人形容中国的发展是“从 18 世纪一路狂奔至 21 世纪”。但由此而积累了巨额的环境赤字。根据 2014 年 6 月中国环保部公布的《2013 年中国环境状况公报》，全国 27. 8% 的湖泊水库处于富营养状态。在按照新标准检测的 74 个城市中，空气质量超标的占 95. 9% 。全国平均霾日天气为 35. 9 天，比 2012 年增加 18. 3 天，为 1961 年来最多。华北部分地区超过 100 天。在 473 个降水检测城市，酸雨比例为 44. 4% 。全国 30. 72% 的国土遭到侵蚀。③

目前，中国正处于以重化工为主要特征的后工业化和新一轮的城市化阶段，对资源、能源和环境的压力不断加剧。从 2002 年开始，中国出现全面的资源、能源和环境紧张状

① 《孟子·梁惠王上》。

② 《资治通鉴》（卷二百三十四），载于《唐纪五十》。

③ 中华人民共和国环境保护部：《2013 年中国环境公报》，2014 年 5 月 27 日，第 11、20、22、23、37 页，参见：http：//www.cnemc. cn/news/downLoad. jsp? filePath =/resource/crm/newsUploadFile/104/1401977017335_9009. pdf&describe = 2013 中国环境状况公报 . pdf.

况。形势的发展迫使我们不断调整和完善发展目标，并从传统智慧和国际经验中探寻可持续发展模式和路径。为了解决面临的环境与发展问题，中国政府提出了一系列与可持续发展相关的新理念，比如“新型工业化道路”(2002)、“科学发展观”(2003)、“资源节约型、环境友好型社会”(2004)、“生态文明”(2007)、“绿色经济”和“低碳经济”(2009)……并通过制度建设、政策措施和组织管理等相应的具体行动落实这些理念，不断丰富中国特色的可持续发展实践。此外，中国还积极参与国际环保合作，从履行节能减排义务到大力开展双边和多边环保对话、政策协调、科技合作等，承担起一个新兴大国的国际责任。鉴于中国在全球日益重要的地位和影响，中国在可持续发展上的成功实践和经验推广，将为世界的可持续发展作出重大贡献。

总体而言，“和谐世界”理念和目标的提出，回击了形形色色的“中国威胁论”，回应了国际社会对中国崛起目标的疑虑，并从中国传统文化的思想精髓和时代趋势出发回答了人类需要一个什么样的世界，以及如何实现这一目标。和谐世界的主张具有不可否认的道德感召力和强大的逻辑说服力，受到国际社会越来越多的认可和支持，成为中国“软实力”建设的重要资源。

第8章　和谐世界"中国梦"

自2005年以来，中国构建"和谐世界"的主张得到了越来越多国家的理解和认同，体现出无可否认的道德感召力。但我们也应该看到，和谐世界的建立是一个复杂而艰难的利益调整和共识达成过程，涉及国际秩序的深刻变革，深受国际力量对比消长变化的影响，因而必然是任重而道远的。作为和谐世界的首倡者，中国的和平崛起不仅将增加和谐世界的逻辑说服力，更将成为构建和谐世界的重要推动力量。

8.1　中国崛起的现实进展和国际环境

一个国家的崛起不仅涉及自身实力的飞跃，还涉及国际力量对比的重大变化。2008年美国次贷危机引发全球金融危机后，世界更加真切地感受到了中国崛起的现实趋势。2010年中国赶超日本成为世界第二大经济体，引发了国际社会对中美权力转移的猜测。2014年世界银行对中美经济规模的对比数据，似乎预示着中国赶超美国的日子正在加速来临。

这一系列变化引发了两种不同的评价：一种认为中国已经崛起，另一种则认为中国与发达国家还有很大差距，离真正崛起还有很长的路要走。虽然这两种评价在国内外都有，但相对来讲，国际社会对中国崛起的认知要比国内多。这种"外热内冷"的温差其实可以理解。国家之间的竞争，主要取决于整体实力。数百年以来，国际体系都是以西方为主导。中国整体实力的快速上升正在改变数百年来的全球权力结构，是推动全球权力对比逐步向东西平衡回归的一个重要力量。因此，国际社会，尤其是西方对整体实力对比的这种变化是非常敏感的。而对于今天的大多数中国人来讲，他们更多的是从个体感受来看待中国的发展。长期的贫困、与发达国家印象深刻的差距感以及现实中的种种问题，使很多中国人的落后感还是非常强烈的，统计数字的变化远不如实际生活的感受强烈。

面对各种评价，中国应该继续保持清醒的头脑。要正确认识和客观评价中国的综合国力及其在当今国际格局中的位置，既不要妄自菲薄，也不能妄自尊大。如前所述，中国的发展成就是有目共睹的，中国的崛起是不可否认的客观趋势。更为重要的是，与其他西方大国相比，中国的这些成就主要是立足自己、通过和平方式取得。因此，中国应有足够的道路自信和道义自信。与此同时，我们也要清醒地看到我们存在的问题和不足，全面认识中国和平发展面临的国际环境。

据中国环球舆情调查中心在全球六大洲 17 个国家进行的“2014 中国形象和国际地位”调查显示，64.3% 的受访者认为“中国已是一个世界性强国”。对于“中国已经具备世界性强国的哪些条件?”，71.5% 选择“经济实力”，36.5% 选择“政治及外交影响力”，33.3% 选择“军事实力”，29.1% 选择“文化实力”。对于“未来十年内对国际事务最具影响的国家或地区”，美国仍然高居榜首，达到 35.8%，超过中国的 26.8%。① 虽然舆论调查与实际状况之间肯定存在差异，但相对而言，这个调查在一定程度上反映了中国的实力结构及其差距。

在政治安全领域，中国是联合国安理会常任理事国，是国际公认的五个核大国之一。随着综合实力的提升，中国在国际政治安全领域拥有越来越大的影响。但到目前为止，中国对全球政治安全事务的影响，无论是就其范围而言，还是就其程度而言，都是相对有限的。中国目前在政治安全上更多只能算是一个地区性大国，难以对周边之外的地区施加实质性的有效影响，甚至不时遭受“池鱼之殃”。在国际议程设置上，中国还缺乏足够的话语权传达“中国声音”，彰显“中国力量”。面对各种复杂的国际事件，中国很多时候是反应式的被动参与。此外，中国统一的任务尚未最终完成。一

① 环球网报道：《超六成国外受访者认定中国已是“世界性强国”》，2014 年 12 月 7 日，参见：环球网，http://mil.huanqiu.com/observation/2014-12/5229869.html.

个还处于分裂状况的国家是不可能成为世界性大国的。这些不足体现了一个正在崛起、但尚未完全崛起大国的国际特征。

在经济发展方面，中国已取得了举世瞩目的成绩，但中国在未来相当长一段时期内仍然是一个发展中国家。由于人口多、底子薄，中国面临着长期繁重的发展任务。据世界银行公布的最新数据，2013 年中国经济总量相当于美国的 55%，人均国内生产总值相当于美国的 12%、日本的 13.1%、德国的 14.3%、法国的 15%、英国的 15.6%。在全球 200 多个国家和地区里面，中国人均国内生产总值排在第 79 位左右，人均国民收入排在第 70 位。① 根据中国最新的贫困线标准，贫困人口仍有 8200 多万人，仅次于印度。② 减贫依然是中国未来的一项艰巨任务。而要在 21 世纪中叶使人均国民生产总值达到中等发达国家的水平，实现全体人民的共同富裕，中国还需要进行长期的艰苦奋斗。很多学者和机构预计，如果发展顺利的话，中国按照汇率计算的经济规模可能在未来 15 年左右的时间赶上美国，但中国要在人均收入方面赶上美国可能还需要 50 年的时间。

除了人均水平的差距外，中国经济与发达国家相比还存在技术水平和结构方面的差距。经济的技术水平和结构决定了一个国家的经济竞争力、财富创造效率和可持续发展潜力。目前，中国是一个人力资源大国，但还不是人力资源强国。整体科学技术水平与发达国家还有不小差距，自主创新能力不足，导致中国的经济和产业结构还比较落后，国际竞争力有限，在国际分工体系中处于价值链的低端。虽然世界市场上的“中国制造”无处不在，但“中国设计”相对较少。由此导致在世界市场上，中国无论是作为重要的卖家，还是作为重要的买家，都没有获得应有的话语权。虽然不一定要“店大欺客”或“客大欺店”，但“中国卖什么东西，什么东西就便宜”、“中国买什么东西，什么东西就贵”的

---

① 世界银行数据库，参见：http://data.worldbank.org/indicator/NY.GDP.PCAP.CD；http://data.worldbank.org/indicator/NY.GNP.PCAP.CD.

② 世界银行关于中国的简介，参见：http://www.worldbank.org/en/country/china/overview.

困境，也在很大程度上暴露了中国在国际生产分工体系中地位低下的尴尬。在这一过程中，中国还积累了庞大的输入性生态环境赤字。

为了实现未来的国家发展目标，中国还面临一系列复杂问题和困难的挑战：由于经济增长过于依赖资源要素的投入，导致资源瓶颈制约日益突出，生态环境赤字规模空前，传统增长方式难以为继；由于发展不平衡，导致个人、城乡和区域差距不断扩大，危及社会认同和稳定；由于自主创新能力不足，导致中国在国际贸易和分工体系中仍处于产业链的低端；由于老龄人口比例越来越高，将使尚未完善的社会保障体系面临更大压力，中国可能遭遇“未富先老”的困境……面对这些复杂的困难和问题，转变发展方式、推进国家治理体系和治理能力现代化的任务十分艰巨。

从历史对比来看，中国所面临的这些困难和问题都是发展中的困难和问题。鉴于中国巨大的人口规模，要在激烈的国际竞争环境下，在极短的时间内完成工业化、城市化、市场化和现代化任务，所面临的各种困难和问题，无论就其规模还是难度而言都是绝无仅有。但所有这些困难和问题都只有在发展中来解决。这就决定了中国必须继续集中力量推进现代化建设，为此始终需要一个和平稳定的国际环境。

改革开放 30 多年来，中国与世界的互联互动已变得非常紧密，相互关系正在发生深刻变化。当前世界正处于各种力量分化组合和利益深入调整的重要时期，既给中国的和平发展带来了挑战，也带来了机遇。

从挑战方面来讲，美国“重返亚洲”对中国和平发展构成了最直接的挑战，不仅增加了中国的战略压力，还恶化了中国的周边环境。长期以来，美国一直是影响中国外部环境的最主要因素。由于美国将中国的崛起视为潜在挑战，加大对中国的战略防范，加强对中国内部和周边事务的介入，加剧了中国面临的内外挑战。自从美国高调宣布“重返亚洲”以来，中国周边原本趋于平静的分歧突现逆转，日本在钓鱼岛、菲律宾和越南在南海岛屿等问题上不断挑战中国的核心利益和战略底线。原本渐入正轨的东亚政治经济合作进程也逐渐失去了原有的良好势头，旨在促进对话合作的地区论坛不断受到干扰冲击。

地区动荡、国际恐怖主义、极端思想和势力对中国的海外发展构成了新的挑战。改革开放以来，越来越多的中国企业、机构和个人走出国门，到世界各地发展。目前，中国经济可以说已经走向全球，但中国政治和军事保障能力的全球化严重滞后，使得中国的海外利益面临越来越大的风险头寸。中国海外公民、企业频繁遭到攻击，商店、工厂被迫关闭，重大工程被迫停工……这些海外风险往往会造成巨大的生命财产损失，并在国内产生严重的经济、社会和政治后果。

随着中国的快速发展，国际社会对中国的言行越来越敏感，对中国的责任期待越来越大，导致对中国崛起的“软约束”越来越突出。不管中国是否愿意接受，越来越多的国家开始将中国作为一个世界大国看待。与之相伴随的是：一方面对中国维护自身合法权益的正常言行高度敏感，怀疑中国是否会走“国强必霸”的老路；另一方面希望中国在应对各种挑战、提供国际援助等方面承担更多责任。尽管中国一再重申并身体力行地坚持走和平发展道路，在一系列矛盾中保持了极大的克制，尽管中国在自身面临繁重的减贫和发展任务的情况下不断扩大国际援助，增加对国际社会的贡献，但对中国的高度敏感和高度期待是一个客观现实。更严重的是，那些反华势力，除了利用意识形态议题和各种版本的“中国威胁论”对中国进行“棒杀”外，还利用国际社会对中国的期待进行“捧杀”，从而增加了对中国崛起的“软约束”。在这种国际舆论环境下，塑造中国良好的国际形象、讲好“中国故事”变得比以前更为迫切。

在国际经济方面，当前全球经济进入一个新的调整时期，增加了中国经济发展的不确定性和竞争压力。自 2008 年金融危机以来，世界经济回升乏力，面临诸多不稳定因素，加之一些国家保护主义的兴起，贸易摩擦上升，制约了中国经济的强劲增长。与此同时，由于全球多哈回合谈判遇阻，各种区域和双边自由贸易和投资谈判竞相兴起，客观上也增加了国际经济交往中的集团性歧视。而且，与传统自由贸易模式不一样，新一轮的自由贸易谈判不仅进一步降低国内市场门槛，还将生产过程纳入国际规范，必然会削弱包括中国在内的很多发展中国家的传统竞争优势，增加其发展成本和经济波动风险。

当然，国际环境变化在给我们带来挑战的同时，也带来了更多的机遇。

从政治安全方面来看，虽然霸权主义和强权政治依然存在，国际不稳定和不可预测的因素不容忽视，但求和平、谋发展、促合作是当今世界的时代潮流，国际格局的多极化和国际关系的民主化是不可阻挡的历史趋势，这就为中国的和平发展提供了必要条件。尤其是以新兴国家为代表的广大发展中国家的群体性崛起，正在改变数百年以来西方主导的国际体系和秩序，有助于缓解中国和平发展所面临的体制性制约。这些发展中国家与中国都有过被西方殖民统治的悲惨历史，又面临着维护国家主权和安全、推进现代化的相同任务，但在现实的国际体系中大多处于不利地位，加强相互之间的战略合作，改革不合理的国际旧秩序，是维护各自利益的共同需要。

全球经济一体化的深入发展，在带来竞争压力的同时，也将为中国的和平发展提供越来越多的有利条件。尽管目前全球经济正处于一个复杂的调整时期，但全球经济一体化的发展是不可避免的趋势。从长期看，各种双边和区域经济安排是全球经济一体化在局部空间的探索实践，为未来更高水平的全球经济合作奠定了基础。对中国而言，仅靠国内市场和资源难以顺利实现未来的发展目标，难以使未来 14 亿中国人过上富裕的生活。经济全球化的深入发展有助于中国更充分利用国内外两种资源、两个市场，扩大和深化国际经济交流与合作，推进自身的进一步发展。在这个过程中，也将进一步加深中国与世界的相互依赖，扩大和平合作的共同利益基础。

世界科技革命的新发展，为中国利用后发优势加快“弯道赶超”提供了更多的技术条件和可能。在当前的世界科技发展中，没有任何一个国家能够垄断所有的科技资源，加强国际科技合作成为日益普遍的趋势。随着中国教育的高速发展和日益国际化，中国将有更多机会参与国际科技交流与合作，加快经济技术水平和经济结构的提升。

当然，最重要的一个机遇就是国际社会对中国的需求和倚重不断上升。随着中国综合国力的持续快速增强，中国对地区和全球事务具有越来越大影响，逐渐从一个落后的边缘国家走向世界舞台的中心。其实，大多数国家对中国的崛起并不持固定偏见，并乐见由此带来的经济政治利好。即使与中国存在战略竞争的美日等国，以及周边与中国存在领土争端的个别国家，也都希望搭乘中国经济增长的快车。在应对气候变化等全球性挑战方面，所有各方都意识到，如果没有中国的参与，任何方案都很难成功。在朝核、伊核、苏丹、叙利亚和阿富汗等重大国际地区问题上，中国的声音和力量也逐渐为各方所重视。

2014 年 11 月 29 日，中央外事工作会议表示，当今世界是一个变革的世界，是一个新机遇新挑战层出不穷的世界，是一个国际体系和国际秩序深度调整的世界，是一个国际力量对比深刻变化并朝着有利于和平与发展方向变化的世界。综合判断，我国发展仍处于可以大有作为的重要战略机遇期。最大的机遇就是自身不断发展壮大，同时也要重视各种风险和挑战，善于化危为机、转危为安。①

8.2 吸取历史经验教训、创新大国崛起模式

走和平发展道路、实现中华民族的伟大复兴是一项空前的历史实践。为此，中国需要全面深入地总结历史上大国崛起过程的经验和教训，根据时代趋势和中国所面临的现实挑战创新崛起模式。

自古以来，不谋万世者，不足谋一时；不谋全局者，不足谋一域。当前中国正进入中华民族伟大复兴的关键阶段，各种问题和挑战更加复杂。对此，应继续保持清醒头脑，避免出现战略性失误。同时抓住机遇，顺势而为，积极谋划，为中国的和平发展创造更有利的国际环境。

---

① 新华网北京 11 月 29 日电：《习近平出席中央外事工作会议并发表重要讲话》，新华社 2014 年 11 月 29 日，参见：http://news.xinhuanet.com/politics/2014-11/29/c_1113457723.htm.

（1）坚持既定战略不动摇，维护国家的发展态势

从历史来看，大国的崛起是一个长期过程，必须有足够的战略定力，紧紧抓住自强目标不放，排除各种干扰，避免资源分散和无谓消耗。在 17—19 世纪初的英法竞争中，拥有地理和人口优势的法国本来有更多机会取胜。比如 1712 年，法国拥有 1900 万人口，而英国只有 800 万人口。但在取得欧洲大陆的军事主导地位之后，法国没有及时将战略目标和资源集中于海上，而是沉溺于扩大对欧洲大陆国家的彻底征服和绝对控制，结果导致了资源的分散和国力的消耗。最后不仅丧失了与英国的海上竞争，连在欧洲大陆的成果也得而复失，甚至多次濒临亡国。① 从路易十四到拿破仑，法国多次功败垂成，又失之交臂。美国在独立战争胜利后的 100 多年时间里，一直坚持华盛顿总统在其 1796 年告别演说中所倡导的“孤立主义”原则，即在全面发展与各国商务往来的同时尽量避免卷入欧洲列强之间的纷争。这类似于“冷战”结束后邓小平提出的“韬光养晦”方针。甚至在美国经济实力超过英法等老牌帝国 30 年后、在欧洲列强因为第一次世界大战而相互削弱后，孤立主义在美国政治中依然具有巨大影响，直接导致了威尔逊总统加入国联计划的失败。从 1872 年经济规模（按购买力平价计算）跃居世界第一到最后成为一个经济、科技、军事和政治上全面发展的世界大国，美国用了 70 多年。其间，还有连续两次世界大战为美国所提供的前所未有的历史性机遇。

与美国相比，中国崛起的地缘政治环境和时代背景要复杂得多。立足国内，聚精会神搞建设，一心一意谋发展，不断提升经济发展质量和国内治理水平，是实现中华民族伟大复兴的根本途径。而为此目的创造更好的外部环境，化解外部风险和挑战，避免把矛盾引向自己，是对外战略的长期任务。

面对各种外部风险和挑战，中国在保持高度警惕和有效

---

① 对此，近代海权理论的奠基人、美国海军战略家 A. T. 马汉曾做过深入细致的分析。参见：［美］A. T. 马汉著，安常荣、成忠勤译，张志云、卜允德 校：《海权对历史的影响》，解放军出版社 2008 年版，第 226 ~ 259 页。

应对的同时，也需要保持足够的自信，不要陷入一种“被包围”的强迫心理，打乱既定的战略部署。面对外部风险和挑战，草木皆兵、风声鹤唳，也会导致严重的后果：政治上容易导致内部矛盾扩大化，结果要么因为内斗分裂失去凝聚力或执政自信，要么高度集权失去活力，最后人亡政息；经济上为了应对想象中的威胁而大幅减少对民用经济的投入，长此以往，结构严重失衡，最终危及国家的长治久安。西方遏制战略成功的一个重要机制就是通过加剧恐慌使对手感染上这种“被包围心理”，造成其政治心理氛围和资源配置的严重扭曲。实际上，核武器的出现，使得现代大国很少是被打垮的，更多是被拖垮的。军备竞赛、银弹外交竞赛、地区争夺，以及国内政治纠纷，都可能成为拖垮对手的切入点。

针对美国“重返亚洲”所带来的战略压力，中国应在保持高度警惕和有效应对的同时，避免随之起舞。虽然中国的战略核武器规模远远小于美国，但只要能够确保最低限度的有效核威慑，美国对中国核优势的边际效应是有限的。在常规武器方面，中国继续坚持有所为、有所不为，确保不对称威慑，量力而行，逐步缩小差距，不搞全面的军备竞赛。在此前提下，我们应该看到，现在中美关系与“冷战”期间的美苏关系不同，两国经济相互依赖已达到了“确保相互摧毁”状态，冲突的结果只会是两败俱伤。更为重要的是，越来越多的国家在经济发展上日益依赖中国，围堵中国的代价极大。美国希望借助“跨太平洋战略伙伴关系”（TPP）主导亚太经济一体化进程，给中国带来了一定压力，但无法替代中国市场对亚太各国的价值。

随着国际格局的多极化和国际关系的民主化，美国要维持对亚太以及整个世界的主导地位，其成本负担将越来越大。保罗·肯尼迪曾深刻地指出美国的两难：“对于美国这样在全世界过分扩张的大国，军备投资少会使它觉得到处易受攻击，而军备投资很多，短期安全虽然有较大保证，但会严重危害美国的商业竞争以致削弱美国的长期安全”。① 从

① ［美］保罗·肯尼迪著，蒋葆英等译：《大国的兴衰》，中国经济出版社 1989 年版，第 646 页。

长远来看，中美之间的竞争不仅取决于目前的利益和实力竞争，更取决于未来发展态势的竞争。除了“谋利”和“谋力”外，中国更要“谋势”。为此，中国应在维持必要有效威慑的前提下，继续坚持将战略重心放在国内发展上，继续坚持广交朋友，不搞军备竞赛，不搞地区争夺，这也是和平发展的应有之义。

（2）坚持原则底线不妥协，维护地区和世界和平

无论对中国，还是对世界而言，和平都是宝贵的，因此要倍加珍惜。但和平不是免费的，需要有关各方共同维护。针对威胁破坏地区与世界和平的各种因素，中国要同国际和平力量一道保持高度警惕，坚持原则。这也是中国的国家利益和国际责任所在。正如习近平主席在访问澳大利亚时所强调的，“如果大家都只想享受和平，不愿意维护和平，那和平就将不复存在。中国人民坚持走和平发展道路，也真诚希望世界各国都走和平发展这条道路，共同应对威胁和破坏和平的各种因素，携手建设持久和平、共同繁荣的和谐世界”。①

历史经验告诉我们，没有平衡，就没有和平；没有节制，就没有公正。普遍持久的和平都必须建立在公正平衡的基础上，不可能以单独牺牲某一方的利益为代价。随着对外开放的发展，中国的安全范畴和国家利益也在不断扩展。和平如果是我们的唯一目标，战争就会成为心怀不轨者进行讹诈的有力武器。和平发展是中国的庄严承诺，但不是自缚手脚的枷锁，更不是个别国家可以任意透支的空白支票。在涉及中国核心利益的问题上，绝无任何妥协余地。对此，中国应坚持“不信邪、不怕鬼、不怕压”的传统作风，开展“有理、有利、有节”的斗争，维护中国的国际威信。

批判的武器不能代替武器的批判，物质的力量只能用物质来摧毁。军事上，中国需要根据国际形势的变化和世界军事革命的发展，建立和维持一支强大的现代化国防力量，为

① 习近平：“中国是和平发展的大块头”，2014 年 11 月 17 日习近平在澳大利亚的演讲，参见：新华网，http：//news. xinhuanet. com/world/2014-11/17/c_1113285659. htm.

维护中国的主权、安全和发展利益，维护中国不断扩展的海外利益，维护中国的和平发展权利，维护地区与世界的和平稳定提供强有力的物质保障。外交上，根据国际形势的发展和需要，平衡“韬光养晦”与“有所作为”、“不结盟”与“建立国际统一战线”、“不干涉内政”与“保护海外利益”的关系，在保持外交大政方针连续性和稳定性的基础上，主动谋划，积极进取，营造一个更有利的国际环境。

（3）坚持合作共赢不改变，创新大国崛起模式

对一个正在崛起的大国而言，维持现状是最有利的态势，交朋友则是其难以抗拒的魅力。没有多少国家愿意在没有受到威胁的情况下主动挑战一个新兴大国，也没有多少国家会拒绝一个新兴大国伸出的橄榄枝。

利益是国家行为的出发点和最终归宿。大国崛起之难，难就难在利益协调。习近平在2014年外事工作会议上强调：我们要推动建立以合作共赢为核心的新型国际关系，把合作共赢理念体现到政治、经济、安全、文化等对外合作的方方面面。这也是破解历史难题、创新大国崛起模式的根本途径。

利益能否协调在很大程度上决定了大国权力转移的方式。如第4章所述，英国在面临美国和德国崛起的挑战时，选择联合美国对付德国。这里既有“远交近攻”的地缘政治考虑，也有发展模式的问题，而不是所谓的意识形态考虑。关于美苏之间的“冷战”，也可以从利益协调方面找到原因。一些历史学家认为，美苏之间的“冷战”在俄国十月社会主义革命之后就埋下了种子，其根源是苏俄（联）的体制和政策阻碍了西方资本进入其市场。如果再将眼光放得更远，比如英国打破清朝闭关锁国政策的鸦片战争、德日发动世界大战、西方对实行国有化和计划经济的社会主义国家和发展中国家的遏制，以及对普京加强经济控制的批评……我们就可以更清楚地看到，大多数矛盾和冲突都是源自于资本扩张与政策限制的矛盾。近代以来大国兴衰变迁发生很多轮，但资本扩张的逻辑并没有变。开放与合作是协调各方利益的重要途径。

外资并不可怕，问题的关键是要驾驭外资，而不能被外

资所驾驭。对中国而言，问题的关键不是要不要对外开放，而是如何在相互开放中互利共赢。30 多年的改革开放，不仅使中国获得了巨大的发展，也让世界受益匪浅。随着中国经济的进一步发展和对外投资能力的持续上升，将为世界各国提供更广阔的市场、更充足的资本、更丰富的产品和更宝贵的合作机会。在发展经济成为各国政府常规任务的趋势下，中国要善于利用经济手段增加国际社会对中国的理解和支持，以地缘经济合作化解地缘政治压力。通过广泛开展经贸技术互利合作，努力形成深度交融的互利合作网络。在此基础上，通过积极参与国际治理改革，将中国的经济实力转为一种制度性权力，提升中国在经济、政治、安全等国际议题上的话语权，从而为中国的和平发展创造更有利的外部环境。

（4）讲好中国故事，提升国际软实力

近代大国的崛起往往首先源自于经济的崛起，然后逐步扩展至军事、科技和政治领域，这是一个硬实力的崛起过程；与此同时，只有当这种实力逐步被各方认可，才意味着最终的崛起，这是一个“软实力”的崛起过程。在政治意识普遍觉醒和国际行为主体多元化的趋势下，“软实力”成为现代大国不可或缺的力量。约瑟夫·奈指出，对于现代国家竞争来讲，不仅取决于军事和经济规模，还取决于“谁的故事更吸引人”。

中国目前所面临的国际压力在一定程度上可以说，既是发展壮大的结果，又是发展不够壮大的体现。因为发展壮大了，引起一些国家的猜忌、不安和防范；又因为不够强大，不足以说服别人接受自己。要解决这些问题，既需要硬实力的继续发展，还需要“软实力”的大力提升，共同塑造其他国家对华认知和战略选择的环境。对现代的中国而言，讲好中国故事，提升国际软实力，变得日益迫切。

要争取世界各国对中国梦的理解和支持，使各国意识到中国梦与他们各自的梦想息息相关，除了通过合作共赢奠定“软实力”的物质基础外，还需要讲好中国和平发展、惠及世界的故事，使世界各国从中国五千年的历史文明，而不是意识形态偏见或西方历史局限，看待中国共产党、中国政府和中国人民，从中国如何解决各种现代挑战认识中国的发展道路及其时代价值，从中国的实际政策和行为看待中国崛起与世界的关系，增强中国和平发展的逻辑说服力和道德感召力。

走和平发展道路、实现中华民族的伟大复兴，是中华民族近代以来最伟大的梦想，凝聚了几代中国人的夙愿。与此同时，“中国梦”与世界各国人民的美好梦想是息息相关的。中国不仅以自身的发展来促进世界1/5人口的梦想，还以“己欲立而立人、己欲达而达人”的情怀促进世界的和平发展，在实现各自梦想的过程中相互支持、相互帮助，共建一个理想的和谐世界，这是一场空前伟大的历史实践，也有待各方的共同努力。

弘扬社会主义核心价值体系出版工程重点图书

中国特色社会主义理论体系普及读本

总主编：顾海良　佘双好

《道路 制度 理论体系——中国特色社会主义基本理论》

《民族精神 时代精神 共同理想——中国特色社会主义共同理想》

《价值观 核心价值观 核心价值体系——中国特色社会主义核心价值观》

《道德 人生 社会——中国特色社会主义道德建设》

《大众化 时代化 中国故事——中国特色社会主义理论体系普及路径》

《人民民主 法治国家——中国特色社会主义政治发展道路》

《中国奇迹 中国道路 中国模式——中国特色社会主义经济建设》

《吸引力 影响力 文化软实力——中国特色社会主义文化建设》

《民生 和谐 幸福——中国特色社会主义社会建设》

《资源 环境 生态文明——中国特色社会主义生态文明建设》

《领导核心 执政使命 伟大工程——中国马克思主义执政党建设》

《民族复兴 和平发展 和谐世界——中国特色社会主义和平外交战略》